# यूरोप में दर्शनशास्त्र

## बेकन से मार्क्स तक

दर्शनशास्त्र : पूर्व और पश्चिम ग्रंथमाला–5
संपादक : देवीप्रसाद चट्टोपाध्याय

# यूरोप में दर्शनशास्त्र

## बेकन से मार्क्स तक

*लेखक*
**सतीनाथ चक्रवर्ती**

*अनुवाद*
सुशीला डोभाल

राजकमल प्रकाशन

ISBN : 978-81-267-1805-4

**मूल्य** : ₹395



**पहला संस्करण** : 1992
**तीसरा संस्करण** : 2022

**प्रकाशक** : राजकमल प्रकाशन प्रा.लि.
1-बी, नेताजी सुभाष मार्ग, दरियागंज
नई दिल्ली-110 002

**शाखाएँ** : अशोक राजपथ, साइंस कॉलेज के सामने, पटना-800 006
पहली मंजिल, दरबारी बिल्डिंग, महात्मा गांधी मार्ग, प्रयागराज-211 001
36 ए, शेक्सपियर सरणी, कोलकाता-700 017

वेबसाइट : www.rajkamalprakashan.com
ई-मेल : info@rajkamalprakashan.com

**मुद्रक** : बी.के. ऑफसेट
नवीन शाहदरा, दिल्ली-110 032

EUROPE MEIN DARSHANSHASTRA : BACON SE MARX TAK
by Sati Nath Chakravorty

# संपादक की प्रस्तावना

यह बड़े दुख की बात है कि आज जब दर्शन की सबसे अधिक आवश्यकता है तब उसके प्रति व्यापक उपेक्षा देखने को मिलती है। देश का नैतिक और बौद्धिक वातावरण बुरी तरह विषाक्त हो चुका है जिसके कारण बढ़ती हुई असहिष्णुता और हत्याओं के दर्शन हो रहे हैं और इनके पीछे वे विचार कार्यरत हैं जो बुद्धि और मानवता दोनों की कसौटी पर खरे नहीं उतरते हैं। यह बात कहने की नहीं है कि विचारशीलता की जगह पाशविकता, प्रेम की जगह उत्पीड़न, और शुभता की जगह लोभ ने ले ली है। कोई यह दावा नहीं करता कि दर्शन अकेले इन तमाम बुराइयों का हल हो सकता है। मगर हमारा यह दावा अवश्य है कि दर्शन के बिना न तो इनका उन्मूलन हो सकता है और न ही विचारशीलता की पुनर्स्थापना हो सकती है। लगभग ढाई हजार वर्षों से अधिक समय तक कुछ योग्यतम और श्रेष्ठतम मनुष्यों ने दर्शन की समस्याओं में अपना सर खपाया है। उनके जो भी विचार और उपदेश रहे हों, आवश्यक नहीं कि वे सब के सब आज की आवश्यकताओं के लिए प्रासंगिक हों, फिर भी जो कुछ अन्य लोगों ने कहा है वह अधिकाधिक बिगड़ती जा रही वर्तमान स्थिति से निबटने के लिए विचारों के एक महान भंडार का काम अवश्य दे सकता है। साथ ही यह भी आवश्यक है कि उनके विचारों को अभिजात वर्गों के एक छोटे-से दायरे तक सीमित न रहने दिया जाए। आज जो विषाक्त वातावरण हमारे चारों ओर है, उसकी जगह एक नए प्रकार के बौद्धिक वातावरण के निर्माण के लिए आवश्यक है कि इन विचारों को जनता तक ले जाया जाए और ये जनता के लिए प्रेरणा के स्रोत बनें। लोकप्रिय विश्व-दर्शन शृंखला के रूप में एक लघु पुस्तकालय तैयार करने के इस प्रयास के मूल में यही विचार है।

**देवीप्रसाद चट्टोपाध्याय**
3, शंभुनाथ पंडित स्ट्रीट, कलकत्ता
पिन : 700020

1 मई, 1990

# आमुख

बेकन से लेकर मार्क्स तक यूरोपीय दर्शन के इतिहास के विकास पर एक और पुस्तक लिखने के प्रयास को व्यर्थ श्रम माना जा सकता है, क्योंकि उच्च शिक्षा की प्रत्येक संस्था के पुस्तकालय में आलमारियाँ आधुनिक यूरोपीय दर्शन के इतिहास से संबंधित ग्रंथों से भरी पड़ी हैं ।

परंतु इस पुस्तिका को लिखने का कारण इसके शीर्षक में ही ढूँढ़ा जा सकता है, जिसमें महत्वपूर्ण शब्द है—'विकास' । फिर भी, यह शीर्षक उन लोगों को अनुपयुक्त या भ्रामक भी लग सकता है जो दर्शन के इतिहास को दार्शनशास्त्रियों की दीर्घा मानते हैं ।

हमारी मान्यता है कि दर्शनशास्त्री मिट्टी से कुकुरमुत्तों की भाँति उत्पन्न नहीं होते । वे अपने काल एवं लोक की उपज होते हैं ।

इस बात को भूल जाने का तात्पर्य है—दार्शनिक चिंतन के विकास को अधिभूतवादी (अर्थात् अद्वंद्वात्मक) रूप से समाज एवं उन लोगों के सामाजिक संघर्ष के विकास से अलग कर देना जो मूर्त समाज की ठोस परिस्थितियों में रहते आए हैं ।

अतः हम इन पूर्वमान्यताओं को लेकर चलेंगे :

1. दर्शन, जिसे मानव की आध्यात्मिक संस्कृति की सर्वोत्तम अभिव्यक्ति माना जाता है, यद्यपि मूलतः समाज की भौतिक परिस्थितियों द्वारा निर्धारित होता है, तथापि इन पर उसकी प्रतिक्रिया भी होती है ।
2. अतः दर्शन सामाजिक परिवर्तन को प्रोत्साहित करने अथवा सामाजिक प्रगतिरोध को स्थायी बनाने में योगदान करता है ।
3. इसका तात्पर्य यह हुआ कि दर्शनशास्त्रियों एवं प्रकृति-वैज्ञानिकों के जीवन का लक्ष्य मुख्य रूप से समाज में अपनी-अपनी भूमिका निभाना ही है ।

इसी दृष्टिकोण एवं पद्धतिशास्त्रीय अभिविन्यास को दृष्टिगत रखते हुए इस विनिबंध में बेकन से लेकर मार्क्स तक यूरोपीय दर्शन के विकास के अंतर्निहित तर्क को अत्यंत

संक्षिप्त रूप में प्रस्तुत करने का प्रयास किया गया है। इसका स्वरूप अनिवार्यतः परिचयात्मक है—यह उस समय के अग्रणी विचारकों के लेखन एवं सामाजिक-राजनीतिक पृष्ठभूमि के सार की प्रस्तुति है।

विस्तृत विवेचना का दिखावा किए बिना हमने विचारकों के जीवन एवं काल के आकर्षण को यथासंभव प्रस्तुत करने का प्रयास किया है।

जिन विद्यार्थियों एवं सामान्य पाठकों ने यूरोप के आधुनिक सुप्रतिष्ठ दर्शनशास्त्रियों की रचनाओं एवं जीवन के संबंध में अधिक या बिलकुल नहीं पढ़ा है, उनके लिए कुछ लिखना सरल कार्य नहीं है। अतः इस पुस्तिका को लिखने में मैंने मार्क्सवादी ग्रंथों के अतिरिक्त विख्यात भारतीय एवं पाश्चात्य विद्वानों और विचारकों के कथनों, प्रस्थापनाओं एवं टिप्पणियों का खुलकर प्रयोग किया है और कहीं-कहीं विस्तार से उन्हें उद्धृत भी किया है। इन सबके प्रति पुस्तिका के अंत में, टिप्पणियों एवं संदर्भों में आभार प्रकट किया गया है। मैं मानता हूँ कि इस पुस्तिका में अनेक त्रुटियाँ और कमियाँ होंगी और उनके लिए केवल मैं ही उत्तरदायी हूँ।

किंतु यदि आधुनिक यूरोपीय दर्शन का यह सर्वेक्षण पाठकों में इस विषय के प्रति जिज्ञासा जगा सके और साथ ही यदि (और यह भारतीय पाठक के लिए अधिक महत्वपूर्ण है) यह समझने में उनकी सहायता कर सके कि आज हमारे देश में, प्रायः सतह के नीचे, क्या हो रहा है तो मैं अपने प्रयास को सफल समझूँगा।

एक अर्थ में, जैसाकि हम बेकन से मार्क्स तक की विवेचना में देखेंगे, मुख्य प्रयास आधुनिक विज्ञान एवं उसकी पद्धति को समझने का ही रहा है। जिस कठिन समय से आज हम भारतवासी गुजर रहे हैं उसमें ऐसे प्रयास की और भी अधिक आवश्यकता है। स्पष्ट या प्रच्छन्न और परिष्कृत शब्दों के अंबार में छिपा हुआ पुराणपंथ आज हमारे राष्ट्रीय जीवन, यहाँ तक कि हमारे अस्तित्व के लिए भी संकट पैदा कर रहा है। अतः इस बात की ओर ध्यान देना कम महत्वपूर्ण नहीं है कि किस प्रकार पुनर्जागरण के समय से ही यूरोपीय विचारक विज्ञान के लिए संघर्ष करते रहे हैं। जिस पुराणपंथ की छाया में अनेक रूपों में जातिवाद, धार्मिक कट्टरता एवं मध्यकालीन सोच की बुराइयाँ पनपती हैं, उसकी एकमात्र काट यही विज्ञान है।

हमारे एक आरंभिक बुद्धिवादी अक्षयकुमार दत्त (1820-1886) ने एक बार क्षुब्ध होकर कहा था कि हमारे देश को फ्रांसिस बेकन की आवश्यकता है। दशाब्दियाँ बीत जाने के बाद आज हम कह सकते हैं कि हम केवल बेकन से ही संतोष नहीं कर सकते, बल्कि हमें यह भी देखना है कि जिन बीजों को बेकन ने बोया था, वे किस प्रकार क्रमशः यूरोपीय चिंतन में पल्लवित हुए और किस प्रकार उनमें हेगेलीय द्वंद्ववाद के फल लगे। इसी द्वंद्ववाद के आधार पर पुराने विश्व के खँडहरों पर एक नए विश्व का निर्माण

किया गया। नए विश्व के निर्माता मूलतः हेगेलीय द्वंद्ववाद के ऋणी हैं। प्रस्तुत विनिबंध इन सबकी संक्षिप्त चर्चा के साथ समाप्त होता है।

इसकी अधिक विस्तृत विवेचना इस शृंखला की समापन-पुस्तिका में की जाएगी।

अंत में, मैं डॉ. देवीप्रसाद चट्टोपाध्याय का ऋणी हूँ जिनके निरंतर मार्गदर्शन एवं उत्साहवर्धन के बिना यह पुस्तिका शायद ही पूरी हो पाती। अपनी पत्नी अमिता के प्रति अपने आभार को शब्दों में व्यक्त कर पाना संभव नहीं है।

**सतीनाथ चट्टोपाध्याय**

कलकत्ता
दिसंबर, 1989

# विषय-सूची

# विज्ञान के नए युग का आरंभ

> उन लोगों (धर्माधिकारियों) ने उसे (ब्रूनो को) 27 फरवरी, 1600 को 'फील्ड ऑफ फ्लावर्स' में जला दिया। जब लपटों में उसके चूमने के लिए क्रॉस फेंका गया तो उसने अपना मुँह फेर लिया। विज्ञान का युग आरंभ हो चुका था ( बैरोज़ डनहम, *हीरोज एंड हेरेटिक्स,* पृ. 318)।

यही विज्ञान या यह कहना अधिक समीचीन होगा कि आधुनिक विज्ञान, जिसका जन्म आधुनिक यूरोप में होते देखा गया, उस युग की दार्शनिक गतिविधियों की रुचि का केंद्र है जिसकी विवेचना इस विनिबंध में करने का प्रयास किया गया है। उस काल के दर्शनशास्त्री न केवल विज्ञान को समझना चाहते थे, बल्कि यथासंभव इसके विकास को प्रेरित करना भी चाहते थे, और सबसे बड़ी बात यह है कि दार्शनिक गतिविधि को विज्ञान के निकट लाना चाहते थे। तो फिर विज्ञान के उदय को किस प्रकार समझा जाए ?

इसका सर्वोत्तम ढंग है इसके प्रति ऐतिहासिक दृष्टिकोण अपनाना। इस दृष्टिकोण का सार है संसार के प्रति वस्तुगत दृष्टिकोण रखना, जिसके अनुसार जो है वह रहा है; और जो रहा है वह बराबर बदलता जा रहा है। किंतु इस परिवर्तन अथवा विकास के क्रम में अक्सर छलाँगें भी देखी जाती हैं जो गुणात्मक रूप से नए तत्व उत्पन्न करती हैं मगर फिर भी द्वंद्वात्मक रूप से संपूर्ण भौतिक यथार्थ—प्रकृति और समाज—से अंतर्संबद्ध रहती हैं। इस दृष्टि से देखने पर दर्शन के इतिहास को कदाचित ही दर्शनशास्त्रियों का आना और जाना कहा जा सके। वस्तुतः दर्शन मनुष्य के व्यावहारिक एवं सैद्धांतिक कार्यकलाप के विकास का प्रतिबिंब है। इस प्रकार, विकास की दृष्टि से, दर्शन प्रकृति और समाज से परे कोई स्वायत्त संवृत्ति नहीं है। यह 'जीवन' की नित नई उत्पन्न होनेवाली समस्याओं से अभिन्न रूप से जुड़ा होता है। अन्य शब्दों में कहें तो दर्शन, जो मनुष्य की आध्यात्मिक संस्कृति की सर्वोत्तम अभिव्यक्ति है, यद्यपि समाज की भौतिक परिस्थितियों द्वारा निर्धारित होता है, तथापि इन पर प्रतिक्रिया भी करता है। अतः दर्शन सामाजिक प्रगतिरोध को स्थायी बनाने में उतना ही योगदान कर सकता है जितना कि सामाजिक परिवर्तन को प्रोत्साहित करने में। इस प्रकार यहाँ सामाजिक परिवर्तन की पक्षधर शक्तियों

एवं उनकी विरोधी शक्तियों के बीच एक द्वंद्व दिखाई देता है। नए युग में यह बात और स्पष्ट रूप में दिखाई देती है जब यूरोप में दर्शन पर विज्ञान का प्रभाव धीरे-धीरे स्पष्ट हुआ। लेकिन जिसे आधुनिक दृष्टिकोण कहा जाता है, वह रातोंरात प्राप्त नहीं हुआ। यह एक जटिल एवं अंतर्विरोधपूर्ण ऐतिहासिक-बौद्धिक प्रक्रिया का परिणाम था जिसकी विशेषता यह थी कि एक ओर तो पुरोहित वर्ग की सत्ता मानने से इनकार किया गया और दूसरी ओर तर्क, विज्ञान एवं पद्धति की एक नई धारणा को स्वीकार किया गया। दर्शन का यह नया आंदोलन सोलहवीं से उन्नीसवीं सदी तक लगभग तीन सौ वर्षों में फैला हुआ है। इसके नकारात्मक एवं सकारात्मक, दोनों ही पक्षों का चरमोत्कर्ष सत्य के उस लोकतंत्रीकरण में हुआ जिसमें घोषणा की गई कि ज्ञान के द्वार सबके लिए खुले हैं, शर्त यह है कि व्यक्ति का मन समाज एवं परंपरा द्वारा उत्पन्न रुझानों और पूर्वाग्रहों से मुक्त हो और वह प्रकृति एवं समाज के व्यवस्थित अन्वेषण के कुछ नियमों एवं सिद्धांतों को मानता हो।

फिर भी दीर्घकाल तक, विशेष रूप से मध्यकालीन यूरोप में, कठमुल्लावादी और धर्ममीमांसी धारणाओं के कारण स्वतंत्र अन्वेषण, प्रयोग एवं उद्यम पर ग्रहण लगे रहे। यह मानव-बुद्धि के उन्मुक्त कार्यकलाप में एक बाधा थी। दर्शन धर्मशास्त्र और चर्च का दास बनकर रह गया था। संसार को जानने के गणितीय-प्रायोगिक दृष्टिकोण एवं प्रयास तब तक किसी तरह जारी-भर रहे जब तक कि पुनर्जागरण ने, धार्मिक कठमुल्लापन का सहारा लेकर यथार्थ से निष्फल और कल्पना में किए जानेवाले पलायन को चुनौती नहीं दी। ऐसे वातावरण में किसी भी वैज्ञानिक रूप से परीक्षणीय सिद्धांत का विकास नहीं हो सकता था।

संभवतः उस 'अंधकारपूर्ण युग' का ठहरा हुआ बौद्धिक वातावरण सदैव नहीं बना रह सकता था। नए सामाजिक संघर्षों ने द्वंद्व को जन्म दिया जिसके परिणामस्वरूप विचारों में धार पैदा हुई। यूनानी शास्त्रीय युग की मौलिक रचनाओं की पुनः खोज हुई जो पुनर्जागरण के युग का विशिष्ट लक्षण थी, एवं व्यावहारिक जीवन की माँगों के प्रति चेतना बढ़ी। इसने, अप्रत्यक्ष रूप से ही सही, मानव एवं प्रकृति की स्वतंत्र गवेषणा के लिए एक अलग क्षेत्र स्थापित करने का मार्ग प्रशस्त किया और दार्शनिक चिंतन की उन प्रवृत्तियों को उभारा जिन्हें एक निश्चित अर्थ में 'आधुनिक' कहा जाता है।

इस संबंध में ध्यान देने योग्य बात यह है कि दर्शन के इतिहास में पुनर्जागरण एक सामान्य दार्शनिक एवं समाज-वैज्ञानिक सिद्धांत की प्रणाली का प्रतिनिधित्व करता है। यह प्रणाली यूरोप में, विशेष रूप से इटली में, सामंतवाद के पतन एवं एक ऐसे समाज की स्थापना के समय विकसित हुई जिसमें एक नए बूर्जुवा वर्ग ने सामंतवाद को उखाड़ फेंककर अपनी सत्ता स्थापित की।

जे. डी. बर्नाल इस स्थिति का निरूपण इस प्रकार करते हैं :

> चिंतन की मध्ययुगीन प्रणाली अनिवार्यतः रूढ़िवादी थी, और यदि इसे इसके हाल पर छोड़ दिया जाता तो कदाचित आज तक यह वैसी ही बनी रहती। किंतु इसे इसके हाल पर नहीं छोड़ा गया। चिंतन की मध्यकालीन पद्धति की प्रवृत्ति कितनी ही ठहरावपूर्ण क्यों न रही हो, मध्यकालीन अर्थव्यवस्था ठहरी हुई नहीं रह सकती थी। सामंतवादी व्यवस्था में ही ··· इसके रूपांतरण के बीज निहित थे। बढ़े हुए व्यापार एवं उत्पादन और यातायात की सुधरी हुई तकनीक निर्ममतापूर्वक पूर्व-निर्धारित सेवावाली अर्थव्यवस्था की जगह माल और मुद्रा पर आधारित अर्थव्यवस्था की ओर बढ़ती जा रही थी।[1]

ब्रूनो की दार्शनिक धारणाओं में पहले ही प्राकृतिक दर्शन के विकास की सामान्य रूपरेखा निहित थी। यद्यपि ब्रूनो (1548-1600) स्वयं बड़ा निष्ठावान धार्मिक व्यक्ति था, तथापि मसीही धर्म के मूल संदेश की उसकी समझ को तत्कालीन चर्च के पादरियों ने खतरनाक रूप से प्रकृतिवादी माना। अतः उसकी दार्शनिक धारणा को समाप्त करने के लिए उन्होंने उसके भौतिक अस्तित्व को ही नष्ट कर डाला। किंतु नए युग की भावना को इस प्रकार नष्ट नहीं किया जा सका। उस युग की मूल सामाजिक संरचना में गहन परिवर्तन की शक्तियाँ जोर पकड़ रही थीं। इसके लिए मध्यकालीन दृष्टिकोण को रद्द करके एक प्रकृतिवादी एवं वैज्ञानिक दृष्टिकोण अपनाने की आवश्यकता थी। नई समाजशास्त्रीय धारणाएँ भी विकसित हुईं। समाज को अब विभिन्न व्यक्तियों का योग माना जाने लगा जो नए उदित होते वर्ग के बढ़ते हुए व्यक्तिवाद का सूचक था। साथ ही, इस नए वर्ग ने यह भी प्रचारित किया कि निजी संपत्ति एवं मानव-स्वतंत्रता एक-दूसरे से अविभाज्य रूप से जुड़ी हुई हैं।

इस बीच, कोपरनिकस (1473-1543), केपलर (1571-1690), गैलीलियो (1564-1642), न्यूटन (1642-1727) एवं अन्य वैज्ञानिकों की खोजों ने तत्कालीन दार्शनिक चिंतन को अत्यधिक प्रभावित किया।

बेकन, हॉब्स, लॉक, देकार्त, स्पिनोजा, एवं अन्य विचारकों ने नवोदित बूर्जुवा वर्ग के लिए एक नए युग का सूत्रपात किया। उन्होंने बौद्धिकता की एक नई धारणा एवं पद्धतिशास्त्र के सिद्धांतों का विकास किया, जिसके कारण धर्म पर आधारित सामंतवादी एवं अर्ध-सामंतवादी विचारधारा को कमजोर किया। उत्पादन, विनिमय तथा सामाजिक व्यवहार की पूँजीवादी पद्धति का विकास और फैलाव नए वैज्ञानिक दृष्टिकोण के अनुकूल था, और कुल मिलाकर उसके साथ ही उभरा।

# बेकन : आधुनिक विज्ञान के मसीहा

फ्रांसिस बेकन (1561-1626) ने यूरोप के विचारकों का आह्वान किया कि वे भौतिकवादी, विशेषतः भौतिकी के दृष्टिकोण को अपनाकर प्रकृति के रहस्यों को खोलें। परवर्ती विद्वानों एवं विज्ञानकर्मियों ने उनके आह्वान का अच्छा स्वागत किया।

बेकन का जन्म एक अतिप्रतिष्ठित परिवार में हुआ था। उनके पिता सर निकोलस बेकन ग्रेट सील के लार्डकीपर थे। राजनीति से ओतप्रोत वातावरण में बेकन का पालन-पोषण हुआ। उनके घटनापूर्ण जीवन में अनेक उत्थान-पतन हुए। तेईस वर्ष की अवस्था में वे संसद में प्रविष्ट हुए और एसेक्स के सलाहकार बने। 1618 में वे लॉर्ड चांसलर बन गए। यद्यपि थोड़े समय के लिए वे अत्यंत महत्वपूर्ण उच्च पदों पर रहे, परंतु बाद में उनकी ईमानदारी को चुनौती दी गई। उन पर रिश्वत लेने के आरोप में अभियोग चला और उन्हें सार्वजनिक जीवन त्यागने के लिए बाध्य होना पड़ा। अपना शेष जीवन उन्होंने ज्ञान की प्राप्ति में लगाया।

कहा जाता है कि 'ज्ञान ही शक्ति है' का प्रसिद्ध नारा सर्वप्रथम बेकन ने ही दिया। उन्होंने मध्यकालीन पांडित्यवादियों से विद्रोह किया। इन पांडित्यवादियों ने तर्कशास्त्र को शाब्दिक विवादों का साधन, पवित्र ग्रंथों की व्याख्या का साधन और एक शुद्धतः औपचारिक उपकरण मात्र बना दिया था। वस्तुतः यथार्थ-चिंतन एवं वैज्ञानिक ज्ञान के विकास के साधन रूप में तर्कशास्त्र के औपचारिक, पांडित्यवादी रूप की निरर्थकता को स्वीकार करना ही बेकन के लेखन की प्रेरक शक्ति है।

फ्रांसिस बेकन ने कहा था : "आज प्रचलित तर्कशास्त्र सत्य के अन्वेषण में सहायक होने के बजाए उन गलतियों को पुख्ता बनाने एवं स्थायित्व देने का कार्य ही अधिक करता है जिनका आधार आमतौर पर विरासत में मिली धारणाएँ होती हैं। अतः इससे लाभ की अपेक्षा हानि अधिक होती है।"[2]

बेकन के दर्शन का एक अत्यंत सुंदर अध्ययन प्रस्तुत करनेवाले बेंजामिन फैरिंगटन बेकन को 'औद्योगिक विज्ञान का दर्शनशास्त्री' कहते हैं। बेकन के आदर्श के बारे में फैरिंगटन कसाउबों को लिखे गए बेकन के पत्र से एक उद्धरण देते हैं जो उनकी बेकन

संबंधी रचना के मुखपृष्ठ पर ही अंकित है :

> फ़ुरसत में लिखे गए ऐसे लेखन में मेरी कोई रुचि नहीं है जिसे फ़ुरसत में ही पढ़ा जाएगा। मेरा सरोकार जीवन से, मानवीय कार्यकलाप से एवं उसकी तमाम समस्याओं और कठिनाइयों से है। सच्चे और स्वस्थ चिंतन द्वारा मैं इन्हीं में सुधार करना चाहता हूँ।[3]

स्वयं बेकन की विज्ञान संबंधी समझ यह थी कि वे इसे औद्योगिक पुनर्जीवन के लिए आवश्यक मानते थे। अतः वे उन तीन मूल आविष्कारों को महत्वपूर्ण मानते हैं जो संसार का रूप ही बदल रहे थे। ये थे—छापाखाना, बारूद और चुंबक। जैसाकि उनका कथन है :

> खोजों की शक्ति, प्रभाव एवं परिणामों पर ध्यान दिया जाना चाहिए। इन बातों को सर्वाधिक स्पष्ट रूप से इन तीन खोजों में देखा जा सकता है, जो प्राचीन समय में ज्ञात नहीं थीं, और जिनका स्रोत, इनकी हाल की खोजें होने पर भी, ज्ञात नहीं है। ये खोजे हैं छापाखाना, बारूद एवं चुंबक। कारण कि इन खोजों ने संसार-भर की शक्ल और हालत ही बदल दी है : पहली ने साहित्य में, दूसरी ने युद्ध-कला में, और तीसरी ने नौवहन में, इनसे अगणित परिवर्तन आए हैं; यहाँ तक कि मानवीय कार्यकलाप पर किसी साम्राज्य, किसी संप्रदाय, किसी नक्षत्र का इतना अधिक प्रभाव नहीं पड़ा है जितना कि इन तीन यांत्रिक आविष्कारों का।[4]

किंतु नई प्रौद्योगिकी के लिए चिंतन की एक नई प्रणाली, एक नए तर्कशास्त्र की आवश्यकता थी। इस बात को बेकन ने बहुत स्पष्ट और सही रूप में समझा। अतः उन्होंने आगमनमूलक पद्धति एवं प्रमाण का तर्कशास्त्र विकसित किया। उन्होंने घोषणा की कि इंद्रियाँ ही ज्ञान का एकमात्र स्रोत हैं। उन्हें मन से स्वतंत्र भौतिक यथार्थ की सत्ता में कोई संदेह न था। उनके अनुसार यह भौतिक यथार्थ ही अनुभव एवं विज्ञान की संभावना को सत्य बनाता है।

बेकन के चिंतन का आरंभ प्रकृति की ऐसी धारणा से होता है जिसके अनुसार पदार्थ अविनाशी, स्वसंचालित, सदा सक्रिय एवं निरंतर परिवर्तनशील है। ईश्वर ने प्रकृति का सृजन किया, किंतु उसने इसके हैतुक-क्रम में हस्तक्षेप नहीं किया।[5]

ईश्वर की सत्ता को स्वीकार करते हुए भी बेकन ने प्राकृतिक विज्ञान को धर्म से बचाने का प्रयास किया। इसके लिए उन्होंने यह विचार प्रस्तुत किया कि मानव इंद्रियानुभव एवं बुद्धि के माध्यम से ईश्वर की प्रकृति को जानने में सक्षम है। धर्मशास्त्र

से अलग होकर प्राकृतिक विज्ञान को अपना एक स्वतंत्र क्षेत्र मिला जिसमें वह मुक्त रूप से विकसित हो सकता था और फल-फूल सकता था।

दर्शन को धर्मशास्त्र से एवं बुद्धि को आस्था से अलग करके बेकन ने निस्संदेह भौतिकवादी भौतिकी के रूप में प्राकृतिक विज्ञान का एक नया दर्शन विकसित करने का प्रयास किया। अपने दर्शन को उन्होंने तत्वमीमांसा (शब्दों के अर्थ संबंधी अथवा असत्यापनीय अमूर्त धारणाओं संबंधी विवाद, जो मध्यकालीन पांडित्यवाद का लक्षण थे) पर आधारित न करके गति की सार्वभौमिक प्रक्रिया (अर्थात् भौतिकी, विशेषकर यांत्रिकी) की व्यवस्थित पड़ताल पर आधारित किया।

इस प्रकार यूरोप के दर्शनशास्त्री ने विज्ञान के नए युग में दर्शन एवं प्राकृतिक विज्ञान के बीच घनिष्ठ संबंध स्थापित करने का प्रयास किया। स्वतंत्र अन्वेषण को सुनिश्चित करने के लिए बेकन चिंतन की पुरानी आदतों एवं तमाम बातों के प्रति पुराने प्राकृतिक और सामाजिक दृष्टिकोणों के खतरों से सचेत करते हैं। इन पुरानी आदतों को वे 'व्यामोह' कहते हैं और इनकी ओर विशेष रूप से हमारा ध्यान आकृष्ट करते हैं। इन्हें वे 'जातिगत व्यामोह', 'प्राकृत व्यामोह', 'लोकगत व्यामोह' एवं 'वैचारिक व्यामोह' कहते हैं। उन्हीं के शब्दों में :

"वे व्यामोह एवं मिथ्या धारणाएं जिनसे आज मानव-समझ ग्रसित है, और जिन्होंने वहाँ गहरी जड़ें जमा ली हैं, न केवल मानव के चित्त में सत्य के प्रवेश को कठिन बना देती हैं, अपितु उसके प्रवेश के बाद भी विज्ञानों के आरंभ में ही बाधा उत्पन्न करने लगती हैं, बशर्ते कि लोगों को पहले ही इनके खतरे से सचेत न किया गया हो और वे इनका सामना करने के लिए पहले से तैयार न हों।

"लोगों के मन चार प्रकार के व्यामोह से ग्रसित हैं। इनमें भेद करने के लिए मैंने इन्हें भिन्न नाम दिए हैं। मैंने इनमें से पहले को 'जातिगत व्यामोह', दूसरे को 'प्राकृत व्यामोह' तीसरे को 'लोकगत व्यामोह', और चौथे को 'वैचारिक व्यामोह' कहा है।

"इसमें कोई संदेह नहीं कि सच्ची आगमन-पद्धति द्वारा विचारों एवं स्वयंसिद्धियों का निर्माण ही वह उचित उपाय है जिसके द्वारा इन व्यामोहों से बचा जा सकता है और इन्हें दूर किया जा सकता है। परंतु इन्हें दर्शाया जाना भी बहुत उपयोगी है, क्योंकि प्रकृति की व्याख्या में व्यामोहों के सिद्धांत का वही स्थान है जो सामान्य तर्कशास्त्र में वितंडावादियों के प्रत्याख्यान के सिद्धांत का है।

"जातिगत व्यामोह का मूल स्वयं मानव स्वभाव एवं लोगों की प्रजाति में ही होता है। कारण, यह दावा मिथ्या है कि मानव की संवेदना ही वस्तुओं का मानदंड होती है। इसके विपरीत, समस्त प्रत्यक्ष, भले ही वे इंद्रियगत हों या मन के द्वारा हों, व्यक्ति के मानदंड के अनुरूप ही होते हैं, ब्रह्मांड के मानदंड के अनुरूप नहीं। फिर मानव-समझ मिथ्या दर्पण की

भाँति होती है, जो अनियमित प्रकाश-किरणों के कारण, वस्तु के स्वरूप में स्वयं अपना स्वरूप मिश्रित करके उसे विकृत और विवर्ण कर देती है।

"प्राकृत व्यामोह, व्यक्ति के अपने व्यामोह होते हैं। कारण कि प्रत्येक व्यक्ति के पास मानव स्वभाव के (सामान्य दोषों के अतिरिक्त) अपनी अलग गुहा होती है जो प्रकृति के प्रकाश को अपवर्तित और विवर्ण करती है। इसका कारण या तो उसका अपना विशिष्ट एवं विलक्षण स्वभाव होता है, या उसकी शिक्षा एवं अन्य लोगों से उसका संवाद, या पुस्तकों का पठन एवं उन लोगों का शब्द-प्रमाण जिन्हें वह आदर एवं प्रशंसा की दृष्टि से देखता है, या संस्कारों का भेद उसी प्रकार जिस प्रकार वे किसी पूर्वाग्रहयुक्त मन में या किसी उदासीन एवं स्थिर मन में उत्पन्न होते हैं, इत्यादि। अतः मानव का मन (जैसाकि विभिन्न व्यक्तियों में देखने को मिलता है) वस्तुतः एक परिवर्तनशील वस्तु है जो क्षुब्ध है और मानो संयोग के वश है। अतः हेराक्लाइटस ने ठीक ही कहा है कि लोग विज्ञानों को अपने क्षुद्र संसारों में ही खोजते हैं, बृहत्तर या सामान्य संसार में नहीं।

"ऐसे भी व्यामोह हैं जो लोगों के पारस्परिक व्यवहार एवं संपर्क से निर्मित होते हैं। इन्हें मैं 'लोकगत व्यामोह' कहता हूँ क्योंकि लोक में व्यापार एवं लोगों का सहचार होता है। कारण कि लोग संवाद के द्वारा ही एक-दूसरे के संपर्क में आते हैं, और शब्द तो असंस्कृतजनों की समझ के अनुसार ही विन्यस्त होते हैं। इसलिए शब्दों का गलत एवं अनुचित चुनाव समझ को आश्चर्यजनक रूप से कुंद कर देता है। न ही उन परिभाषाओं एवं व्याख्याओं से बात बनती है जिनके द्वारा कुछ मामलों में विद्वतगण अपने-आपको सुरक्षित रखते एवं बचाते हैं। किंतु शब्द स्पष्टतः समझ को प्रभावित एवं निरस्त करते और बड़ा भ्रम उत्पन्न कर देते हैं और लोगों को अनेक विवादों एवं निरर्थक कल्पनाओं में फँसा देते हैं।

"अंत में ऐसे व्यामोह भी होते हैं जो लोगों के मन में दर्शनों के विभिन्न हठधर्मों एवं प्रदर्शन के गलत नियमों के कारण भी आते हैं। इन्हें मैं 'वैचारिक व्यामोह' कहता हूँ। कारण कि मेरे विचार में समस्त स्वीकृत प्रणालियाँ रंगमंच पर खेले जानेवाले नाटक ही हैं जो अपनी ही सृष्टि को एक अवास्तविक एवं दृश्यात्मक रूप में प्रस्तुत करती हैं। मैं यहाँ केवल आज प्रचलित प्रणालियों या प्राचीनकाल के संप्रदायों या दर्शनों की ही बात नहीं कर रहा हूँ, क्योंकि संभव है कि इसी प्रकार के अनेक नाटक अभी लिखे जाने और उसी कृत्रिम रूप में प्रस्तुत किए जाने बाकी हों—कारण, हम देखते हैं कि गलतियों के अत्यंत भिन्न होने पर भी उनके कारण प्रायः एक-से होते हैं। पुनः मैं यह बात केवल पूरी-पूरी प्रणालियों के संबंध में ही नहीं कहता, बल्कि विज्ञान के अनेक सिद्धांतों एवं स्वयंसिद्धिओं के संबंध में भी कहता हूँ जो परंपरा, विश्वास और उपेक्षा के कारण स्वीकृत हो गई हैं।

"किंतु इन विभिन्न प्रकार के व्यामोहों में से मैं अधिक विस्तृत एवं सटीक रूप में उसी के संबंध में कुछ कहूँगा जिसके विरुद्ध समझ को विशेष रूप से सचेत किया जाना चाहिए।"[6]

इसके साथ ही हम उस पांडित्यवाद की बेकन की प्रसिद्ध आलोचना को भी उद्धृत करेंगे जो मध्यकालीन चिंतन पर छाया रहा था। 1605 में प्रकाशित *दि एडवांसमेंट ऑफ लर्निंग* में पांडित्यवाद की तीखी आलोचना करते हुए वे कहते हैं :

"इस प्रकार की पतित विद्वत्ता मुख्य रूप से मध्यकालीन पंडितों के बीच ही प्रचलित रही है जिनकी बुद्धि तीव्र थी, जिनके पास पर्याप्त अवकाश था और जिनका अध्ययन सीमित था (उनकी बुद्धि इनेगिने लेखकों, मुख्य रूप से उनके निरंकुश नायक अरस्तू के कठघरों में बंद थी जैसेकि वे स्वयं मठों एवं मदरसों के कोठरों में बंद थे), और प्रकृति या समय के इतिहास का ज्ञान न होने के कारण वे अल्प सामग्री से ही, अपनी बुद्धि के कौशल द्वारा, विद्वत्ता के उन श्रमसाध्य जालों को बुनते रहते थे जो उनकी पुस्तकों में मिलते हैं। कारण कि यदि मानव की बुद्धि एवं मन उस सामग्री पर क्रिया करें जो ईश्वर के जीवों के चिंतन की वस्तु है, तो वह उस सामग्री के अनुरूप ही क्रिया करेगी, और इसी कारण सीमित होगी, किंतु यदि ये अपने-आप पर ही क्रिया करें, जैसेकि मकड़ा अपना जाल बुनता है, तो उसका कोई अंत नहीं, और निश्चय ही इससे विद्वत्ता के मकड़जालों की उत्पत्ति होगी, जिसके सूत्र एवं कारीगरी प्रशंसनीय होते हुए भी ठोस अथवा लाभदायक नहीं होते।"[7]

इस प्रकार अपने मन से पूर्वाग्रहों को निकाल देने की बात करते हुए बेकन का तर्क है कि इंद्रियाँ ही समस्त ज्ञान के अमोघ स्रोत हैं। अनुभव पर आधारित समस्त विज्ञान का तात्पर्य है संवेदनाओं द्वारा प्राप्त तथ्यों के परीक्षण के लिए बुद्धिवादी विधि का प्रयोग करना। आगमन, विश्लेषण, तुलना, प्रेक्षण, प्रयोग इस विधि के मुख्य रूप हैं। इस सबने बेकन को एक ऐसी विश्व-दृष्टि प्रदान की जो मूलतः भौतिकवादी है। जैसाकि मार्क्स कहते हैं :

> बेकन के दर्शन में भौतिकवाद के अपने ही भीतर बहुमुखी विकास के बीज निहित मिलते हैं। इसमें एक ओर, ऐंद्रिक, काव्यात्मक आभा से आवृत पदार्थ मानव के संपूर्ण अस्तित्व को ही मोहक मुस्कान से आकर्षित करता प्रतीत होता है। दूसरी ओर, सूत्रात्मक शैली में प्रतिपादित सिद्धांत धर्मशास्त्र से ली गई असंगतियों से भरा पड़ा है।[8]

ये तो बेकन के उत्तराधिकारी हॉब्स ही थे जिन्होंने उनके धर्ममीमांसी पूर्वाग्रहों को ध्वस्त करके यह विलक्षण विचार प्रस्तुत किया कि विचार को चिंतन करनेवाले पदार्थ से भिन्न

करना असंभव है। जैसाकि एंगेल्स का कथन है : "हॉब्स की दृष्टि में संसार में हो रहे समस्त परिवर्तनों का आधार यही पदार्थ है...।" जहाँ बेकन, हॉब्स और अन्य विचारकों ने विज्ञान में संवेदना के तर्क का पूर्ण समर्थन किया, वहीं देकार्त, स्पिनोजा एवं अन्य बुद्धिवादी विचारकों ने नई बातों को सीखने में बुद्धि के तर्क पर आवश्यकता से अधिक बल दिया।

# देकार्त : आधुनिक विज्ञान के एक अन्य मसीहा

बेकन के साथ ही रेने देकार्त (1596-1650) को भी आधुनिक युग का जनक माना जाता है। उन्होंने भी विज्ञान को एक आधार प्रदान करने का प्रयास किया। उनका जन्म तूरीन में 1596 में हुआ था और उनकी शिक्षा ला फ्लेश के जेसुइट कॉलेज में हुई, जहाँ उन्हें आधुनिक गणित का अच्छा प्रारंभिक ज्ञान प्राप्त हुआ। 1618 में वे सेना में भरती हुए और फिर बीस वर्षों (1629-1649) तक हॉलैंड में बसे रहे, जहाँ वे "धर्माधिकरण से तो सुरक्षित रहे किंतु प्रतिक्रियावादियों के दुर्व्यवहार से नहीं।" फिर भी, सत्रहवीं सदी में हॉलैंड ने गवेषणा एवं स्वतंत्र चिंतन के लिए पर्याप्त अवसर प्रदान किया था और अनेक महान विचारकों को शरण दी थी।

> हॉब्स को अपनी रचनाएँ वहीं छपवानी पड़ीं, इंग्लैंड में 1688 के पूर्व प्रतिक्रियावाद के सबसे बुरे पाँच वर्षों की अवधि में लॉक को वहीं शरण लेनी पड़ी। (शब्दकोशवाले) बायल ने भी वहीं रहना आवश्यक समझा; और स्पिनोजा को तो कदाचित किसी और देश में अपना काम करने ही नहीं दिया जाता।[9]

देकार्त असीम बुद्धि से युक्त एक महान व्यक्ति थे। वे प्रख्यात गणितज्ञ, दार्शनिक एवं वैज्ञानिक थे। वे पक्के कैथोलिक थे, किंतु गैलीलियो के वैज्ञानिक अवदान को स्वीकार करते थे। उनकी दो रचनाएँ सुविख्यात हैं—*दि डिस्कोर्स ऑन मेथड* और *दि मेडीटेशंस*। देकार्त ने *दि वर्ल्ड* नाम से एक रचना और लिखी थी जिसे वे 1600 में प्रकाशित करना चाहते थे। परंतु इसी साल गैलीलियो पर अंतिम अभियोग चला, अतः उन्होंने इसका प्रकाशन रोक दिया। यह दर्शाता है कि नए विज्ञान के प्रति उत्साह से भरे होने एवं इसी कारण पांडित्यपूर्ण धर्ममीमांसा को अस्वीकार करने के बावजूद देकार्त यथार्थ जीवन में राजनीतिक चतुराई से काम लेते थे।

1663 में *दि डिस्कोर्स ऑन मेथड* नामक रचना प्रकाशित हुई। "*डिस्कोर्स* (नाम की रचना) मानव-बुद्धि का एक चमत्कार है; इसके अनेक आश्चर्यों में राजनीतिक

चतुराई भी कम महत्वपूर्ण नहीं है ··· । सार रूप में, यह इस तथ्य को उजागर करती है (जो दीर्घकाल तक छिपाकर रखा गई थी) कि संगठनात्मक सत्ता कितनी ही श्रेष्ठ क्यों न मानी जाए, आदेश या फतवा देकर किसी वाक्य को सत्य या मिथ्या नहीं बना सकती ।''[10]

इस रचना में प्रयुक्त प्रतिभा और सूझबूझ को दर्शाने के लिए इसका एक उद्धरण दिया जा सकता है । अत्यंत क्रांतिकारी विचारों को भी देकार्त प्रकट रूप से ऐसे विनम्र शब्दों में प्रस्तुत कर सकते थे कि ऊपर से देखने पर इनको उनकी विनम्रता ही समझा जाता था । जैसाकि उनका कथन है :

''किंतु मैंने अँधेरे में चलनेवाले व्यक्ति की भाँति इतनी धीमी गति एवं ऐसी सावधानी के साथ आगे बढ़ने का निश्चय किया जिससे अगर मैं अधिक प्रगति नहीं कर सकूँ तो कम-से-कम गिरने का भय भी न रहे । मैंने तो उन धारणाओं को भी रद्द करने में जल्दबाजी न की जो बिना बुद्धि की सहायता के ही मेरी आस्था में प्रविष्ट हो गई थीं । इसके बजाए, सर्वप्रथम मैंने इस बात पर विचार करने में पर्याप्त समय लगाया कि जो कार्य मैं उठा रहा हूँ उसकी सामान्य प्रकृति क्या है । मैं अपने-आपको अपनी क्षमता की सीमा में स्थित ज्ञान को प्राप्त करने एवं इसे प्राप्त करने के सत्य साधन को निश्चित करने के लिए प्रस्तुत कर रहा था ।

''दर्शन की शाखाओं में मैं तर्कशास्त्र से पहले ही कुछ परिचित था, और गणित की शाखाओं में ज्यामितीय विश्लेषण एवं बीजगणित से, अर्थात् ऐसी तीन कलाओं या विज्ञानों से मेरा परिचय था, जो मैं समझता था कि मेरे लक्ष्य की पूर्ति में कुछ सीमा तक योगदान कर सकते हैं । किंतु परीक्षण करने पर मैंने पाया कि तर्कशास्त्र की न्यायिकी एवं इसके अधिकांश उपदेश तो उन बातों के आदान-प्रदान के लिए अधिक उपयुक्त हैं जिन्हें हम पहले से ही जानते हैं, या ऐसी कला के रूप में उपयोगी हैं जिसमें हम बिना जाने-बूझे उन बातों के संबंध में कहते जो हमें ज्ञात नहीं होतीं । अज्ञात की गवेषणा में तर्कशास्त्र उतना उपयोगी नहीं है और यद्यपि इस विज्ञान में अनेक सत्य और बहुत श्रेष्ठ उपदेश हैं, फिर भी इसमें अनेक ऐसी हानिकारक या अनावश्यक बातें भी हैं जो सत्य बातों में इस प्रकार घुल-मिल गई हैं कि सत्य को मिथ्या से अलग करना उतना ही कठिन है जितना किसी संगमर्मर के खुरदुरे टुकड़े से मिनर्वा या डायना की सुंदर मूर्ति गढ़ना । अब रही प्राचीन विश्लेषण एवं आधुनिक बीजगणित की बात । तो इनमें से पहला, अर्थात् ज्यामितीय विश्लेषण, केवल अत्यंत अमूर्त विषयों तक सीमित होने एवं प्रत्यक्षतः अनुपयोगी होने के अतिरिक्त आकारों तक ही इतना सीमित है कि कल्पना-शक्ति को बहुत थकाने पर ही कुछ समझ में आ सकता है । और बीजगणित में कतिपय नियमों एवं सूत्रों की निरंकुशता होती है और इसके परिणामस्वरूप जो कला

उभरती है वह इतनी भ्रमपूर्ण एवं अस्पष्ट होती है कि यह बुद्धि को समृद्ध करने के स्थान पर उसे भ्रमित ही करती है। इन सब बातों को देखते हुए मैं एक ऐसी पद्धति की खोज के लिए प्रेरित हुआ जिसमें इन तीनों के गुण तो हों किंतु दोष नहीं। और जिस प्रकार कानूनों की अधिक संख्या न्याय की प्रक्रिया को धीमा करती है और थोड़े-से किंतु कठोरतापूर्वक लागू किए जानेवाले कानूनों से राज्य सुचारु रूप से शासित होता है, उसी प्रकार तर्कशास्त्र के अनेक उपदेशों के स्थान पर मैंने विचार किया कि निम्नलिखित चार बातें मेरे लक्ष्य के लिए पर्याप्त होंगी, बशर्ते कि मैं यह दृढ़ निश्चय कर लूँ कि प्रत्येक स्थिति में मैं उनका पालन अवश्य करूँगा।

"पहली बात यह कि किसी भी ऐसी बात को सत्य न माना जाए जिसे मैं स्पष्टतः सत्य न समझूँ, अर्थात् पूर्वाग्रह एवं अवक्षेपकता से सावधानीपूर्वक बचूँ और उसी बात को स्वीकार करूँ जो बिलकुल स्पष्ट रूप से मेरे चित्त में आए और जिसमें किसी प्रकार का कोई संशय न हो।

"दूसरी, प्रत्येक प्रस्तुत समस्या को उतने भागों में बाँटूँगा जितना कि संभव हो और उसके उचित समाधान के लिए आवश्यक हो।

"तीसरी, अपने विचारों को इस प्रकार संयोजित करूँ कि जो बातें समझने में सबसे सरल हों उनसे आरंभ करके धीरे-धीरे ऊपर की ओर, मानो एक-एक सीढ़ी करके, अधिक जटिल बातों की ओर बढ़ूँ और अपने चिंतन में उन बातों को भी एक निश्चित क्रम प्रदान करूँ जो स्वभावतः एक-दूसरे से संबद्ध न हों या जो क्रम में आगे-पीछे न भी स्थित हों।

"और अंत में, प्रत्येक मामले में गणना इतनी संपूर्ण और पुनरीक्षण इतने सामान्य हों कि मुझे इस बात का निश्चय हो जाए कि कुछ भी छूटा नहीं है।"[11]

*दि डिस्कोर्स ऑन मेथड* 1637 में प्रकाशित हुई थी। 1641 में देकार्त की एक अन्य महत्वपूर्ण रचना *दि मेडीटेशंस* प्रकाशित हुई। *डिस्कोर्स* के उपर्युक्त उद्धरण से ही देकार्त के चिंतन की दिशा का स्पष्ट संकेत मिल जाता है। अत्यंत विनम्र शब्दों में प्रस्तुत किए जाने पर भी इसमें पांडित्यवाद एवं मध्यकालीन चिंतन की अस्वीकृति पाई जाती है, और यह अस्वीकृति एक ऐसी पद्धति के पक्ष में की गई है जो मुख्यतः गणितीय है।

*दि मेडीटेशंस* का आरंभ भी उसी भावना से होता है, यद्यपि यह थोड़े भिन्न ढंग से व्यक्त हुई है। इसका आरंभ उस बात से होता है जिसे सामान्यतः उनकी संशय की पद्धति कहा जाता है। देकार्त अपनी समस्त पूर्वमान्यताओं पर संशय करने की घोषणा करते हैं और अपने संशय को इतना अटल बना देते हैं कि वह उसी बात पर समाप्त हो जो पूर्णरूपेण संशय से परे हो। इस संशय का पहला शिकार होता है प्रत्यक्ष इंद्रियगम्य

ज्ञान—इस आधार पर कि इंद्रियगम्य ज्ञान प्रायः हमें छलता है और इसलिए इंद्रियानुभव पर आश्रित रहना मूर्खता है। इसका सीधा-सादा कारण यह है कि जो एक बार भी छले उस पर कभी विश्वास नहीं किया जा सकता। संशय की इस पद्धति का दूसरा शिकार हुआ स्थूल शरीर का धारण। भले ही यह कहा जाए कि ऐसे प्रत्यक्ष तथ्यों पर संशय करना निरा पागलपन है, लेकिन देकार्त का कहना है कि इस तथ्य पर भले ही सीधे संशय नहीं किया जा सके तो भी इस संशय के लिए तो स्थान रहता ही है कि कहीं किसी सर्वशक्तिमान वंचक ने हमें छलने के उद्देश्य से ही हमारा सृजन न किया हो।

देकार्त का तर्क है कि इस प्रकार अटल संशय के सिद्धांतों से आरंभ करके हम अवश्य ही किसी बिंदु पर रुकेंगे और यही चिंतन का तथ्य है। कारण कि संशय के स्वयं चिंतन का एक रूप होने के कारण चिंतन पर संशय करने का तथ्य एक स्पष्ट विसंगति है। अतः वह हमारा शरीर नहीं है जो यथार्थतः संदेह से परे है। हमारे संबंध में जो बात संदेह से परे है वह है चिंतन का मूल तथ्य। अतः चिंतन ही हमारे अस्तित्व का सार है। देकार्त का यह विचार उनके इस प्रसिद्ध सूत्र में अभिव्यक्त होता है कि "मैं चिंतन करता हूँ, इसलिए मैं हूँ।" यह एक परम निश्चित तथ्य है और इसे समस्त दार्शनिक गतिविधियों का प्रस्थान-बिंदु माना जाना चाहिए। जो भी अन्य बात दर्शन में स्वीकार की जाए उसका निगमन चिंतन के इसी मूल तथ्य से गणितीय अनुशासन द्वारा होना चाहिए। इस प्रकार सर्वश्रेष्ठ पद्धति वह गणितीय पद्धति है जो कुछेक सूत्रों या स्वयंसिद्ध सत्यों से आरंभ करती है और इन्हीं से अन्य सभी प्रस्थापनाओं का निगमन करती है। भौतिकी को बेकन सर्वश्रेष्ठ विज्ञान मानते थे, मगर उसका स्थान यहाँ गणित ने ले लिया है। इस दृष्टि से आधुनिक विज्ञान के दो मसीहाओं में, जो पांडित्यवाद को अस्वीकार करके एवं वैज्ञानिक ज्ञान का पक्ष लेकर चले थे, विज्ञान के स्वरूप की समझ के संबंध में मतभेद था। हमें देखना यह है कि कांट किस प्रकार इन दोनों के बीच स्थित इस विरोधाभास को दूर करते हैं। किंतु इस सबको गलत नहीं समझना चाहिए। विकासशील विज्ञान एवं उद्योग के युग में रहने के कारण देकार्त इनके प्रति शुद्धतः नकारात्मक दृष्टिकोण नहीं अपना सकते थे, न ही उन सामान्य शिल्पियों की भूमिका के प्रति जो उद्योग को संभव बनाते हैं। इनकी स्वीकृति सत्ताधारी पूँजीपति वर्ग की विशेषता थी। इसी वर्ग ने विज्ञान को उत्पन्न किया था और विज्ञान भी इस वर्ग की आकांक्षाओं के पूर्णतः अनुकूल था।

निस्संदेह देकार्त का प्रस्थान-बिंदु था—"मैं चिंतन करता हूँ, इसलिए मैं हूँ।" उन्होंने अपने सभी विचारों का निगमन क्रमशः इसी सूत्र से किया। इसके लिए उन्होंने ज्यामितीय पद्धति का प्रयोग किया और अपने विचारों की प्रामाणिकता सिद्ध की। यद्यपि देकार्त के अनुसार, हमारे विचार कुछ तो अंतर्भूत होते हैं, कुछ बाहर से आते हैं

और कुछ हम बनाते हैं, फिर भी कहा जाता है कि देकार्त एवं अन्य बुद्धिवादी विचारक मानव-ज्ञान की उत्पत्ति एवं विकास में अनुभव एवं व्यवहार की भूमिका को समुचित रूप से समझ नहीं सके। ऐसा प्रतीत होता है कि देकार्त के पक्ष को ठीक से न समझने के कारण ही यह भ्रामक धारणा बनी है। यद्यपि यही माना जाता है कि देकार्त किसी प्रकार के शुद्ध ज्ञान की खोज में लगे रहते थे, फिर भी यह निष्कर्ष निकालना भूल होगी कि वे संसार को बदलने में ज्ञान की भूमिका से अनजान रहे हों। अपने निष्कर्ष की चर्चा करते हुए वे बड़ी आशावादिता से कहते हैं :

> मुझे बताया गया कि ऐसा ज्ञान प्राप्त करना संभव है जो जीवन के लिए उपयोगी हो; यह भी कि विद्यालयों में पढ़ाए जानेवाले परिकल्पनात्मक दर्शन के स्थान पर एक ऐसे व्यावहारिक दर्शन की खोज की जा सकती है जिसके द्वारा अग्नि, जल, वायु, नक्षत्रों, आकाश एवं उन अन्य सभी वस्तुओं, जिनसे हम घिरे हैं और जो हमारे आसपास होनेवाले व्यवसाय जितनी ही स्पष्ट दिखाई देती हैं, की शक्ति एवं क्रिया का ज्ञान प्राप्त करके हम उन्हें अन्य व्यवसायों की भाँति उपयुक्त कार्यों के लिए प्रयुक्त कर सकते हैं और प्रकृति के स्वामी बन सकते हैं। यह केवल इसी कारण वांछनीय है कि इससे अनगिनत यंत्रों का आविष्कार होगा जिससे हम बिना कष्ट के ही धरती के समस्त सुखों का उपभोग कर सकेंगे—जिनसे मुख्य रूप से स्वास्थ्य की रक्षा हो सकेगी।[12]

तथापि, देकार्त मानव-चेतना में प्रागानुभविक ज्ञान को स्वीकार करते हैं। इससे मानव-ज्ञान का स्रोत एवं आधार रहस्यमय हो जाते हैं। इसके परिणामस्वरूप उनकी परिकल्पनात्मक ज्ञान-मीमांसा में परिकल्पनात्मक तत्वमीमांसा भी आ जाती है जो पदार्थ एवं अ-पदार्थ (चेतना) में विभाजित संसार के संबंध में पूर्ण एवं परम सत्य का प्रतिनिधित्व करती प्रतीत होती है। यही परम द्वैत है। फिर भी देकार्त ने एक ऐसा दर्शन विकसित करने का प्रयास किया जो आधुनिक युग के गणित एवं प्राकृतिक विज्ञान के अनुरूप होता। वैज्ञानिक गवेषणा में वे रूपकों और पराप्राकृतिक पूर्वाग्रहों की अवहेलना करके प्रकृतिवादी दृष्टिकोण अपनाने के पक्षधर थे।

> दर्शन के द्वैतवादी स्वरूप के बावजूद देकार्त भौतिकी में पदार्थ को आत्म-सर्जन की शक्ति से संपन्न मानते थे और यांत्रिक गति को उसके जीवन का लक्षण मानते थे। उन्होंने अपनी *भौतिकी* एवं *तत्वमीमांसा* को पूरी तरह अलग-अलग कर दिया था। उनकी *भौतिकी* में पदार्थ ही एकमात्र द्रव्य, अस्तित्व एवं ज्ञान का एकमात्र आधार है।[13]

इन सब गुणों के बावजूद, देकार्त चिंतन एवं सत्ता, मानसिक एवं भौतिक, विचार एवं पदार्थ के संबंधों की समस्या का समाधान नहीं कर सके। फिर भी, देकार्त सत्ता और चिंतन, अस्तित्व एवं चेतना के बीच उपस्थित विरोध को समाप्त करने की समस्या को एक महत्वपूर्ण दार्शनिक समस्या घोषित करनेवाले विचारकों में अग्रणी थे। यह एक ऐसी समस्या थी जो भविष्य में सारे आधुनिक दर्शन की समस्या बन गई। देकार्त के अनुयायियों—ग्योलिंक्स एवं मेलेब्रांश ने इस समस्या से जूझकर देकार्तीय दर्शन के द्वैतवाद का समाधान करने का प्रयास किया, किंतु उनका समाधान इतना अस्वाभाविक था कि अंत में उन्हें ईश्वर का ही सहारा लेना पड़ा।

# स्पिनोजा : ईश्वरलीन निरीश्वरवादी

यद्यपि बेनेडिक्ट स्पिनोजा (1632-1677) देकार्त से अत्यधिक प्रभावित थे, फिर भी वे देकार्त की द्रव्यों की बहुलता संबंधी धारणा को स्वीकार नहीं करते थे। वे एक द्रव्य की धारणा के पक्षधर थे, जिसे प्रायः उनका ईश्वर कहा जाता है; यह मसीही धर्म का वैयक्तिक ईश्वर न होकर एक अनंत सत्ता है जो संसार की समस्त वस्तुओं का स्रोत एवं आधार है। अतः कोई आश्चर्य नहीं कि स्पिनोजा को उनके अपने ही समुदाय में 'नास्तिक' कहकर उनकी निंदा की गई। लेकिन अन्य लोग उन्हें 'ईश्वरलीन निरीश्वरवादी विचारक' कहते थे क्योंकि वे एक द्रव्य को तो मानते थे, जिसे उनका ईश्वर कहा गया, किंतु प्रकृति की किसी भी वस्तु की अंतर्भूत वास्तविकता को स्वीकार नहीं करते थे।

> और ठीक जिस प्रकार देकार्त ने *दि डिस्कोर्स ऑन मेथड* में दर्शाया था कि किस प्रकार राजनीति के बीच दार्शनिक गतिविधि चलाई जा सकती है, उसी प्रकार बीस वर्ष पश्चात् स्पिनोजा ने अपनी रचना *इंप्रूवमेंट ऑफ दि अंडरस्टैंडिंग* में दर्शाया कि निजी संकट में भी किस प्रकार दार्शनिक गतिविधि चलाई जा सकती है।[14]

स्पिनोजा का जन्म सन् 1632 में एम्स्टर्डम में हुआ था। कहा जाता है कि उनके पूर्वजों ने धर्माधिकरण से बचने के लिए स्पेन छोड़ दिया था। यद्यपि उन्होंने बड़े श्रमपूर्वक धर्मशास्त्रों का अध्ययन किया था, फिर भी अंत में भौतिकी, गणित एवं देकार्त की रचनाओं में उनकी गहरी रुचि जागी। यहूदी धर्म से उन्हें विशेष प्रेम न था, फिर भी उन्होंने कभी औपचारिक रूप से मसीही धर्म नहीं अपनाया। हेग में स्थायी रूप से बस जाने पर उन्होंने अपना समस्त ध्यान वैज्ञानिक विषयों के अध्ययन में लगाया और एकांत भरा जीवन जीने लगे। वे नैतिक श्रेष्ठता एवं उत्तम चरित्रवाले व्यक्ति थे। वे चश्मे के शीशों पर पॉलिश करके जीविकोपार्जन करते थे, जिन्हें उनके मित्र बेच आते थे। उन्हें वृत्तिवाद से घृणा थी और उन्होंने हाइडलबर्ग में दर्शन के प्राध्यापक पद के

निमंत्रण को ठुकरा दिया ।

> स्वभाव से कोमल एवं वर्षों तक अस्वस्थ रहने के पश्चात् 21 फरवरी 1677 को चवालीस वर्ष की अल्पायु में क्षय रोग के कारण स्पिनोजा की मृत्यु हो गई ।[15]

अपने युग के अग्रणी विचारकों, फ्रांसिस बेकन एवं रेने देकार्त की ही भाँति स्पिनोजा भी मानते थे कि प्रकृति पर अधिकार एवं मानव का सुधार ज्ञान के सर्वोच्च लक्ष्य हैं । ज्ञान, जो कि सत्य है, को प्राप्त करने में स्पिनोजा बुद्धि की ही सत्ता स्वीकार करते थे :

> ··· इंद्रियानुभव अलग-अलग क्षण और विशिष्ट दृष्टांत प्रदान करता है, किंतु विज्ञान तो संसार के संबंध में सामान्यीकरणों की खोज करता है । इंद्रियानुभव द्वारा प्राप्त आँकड़े टुकड़े-टुकड़े, आंशिक या (स्पिनोजा के शब्दों में) 'क्षत-विक्षत' होते हैं । सर्वोच्च ज्ञान वह है जो देकार्त के चतुर्थ नियम के अंतर्गत प्राप्त किया जाता है; यह सार्वभौम, व्यापक एवं पूर्ण होता है ··· ।

इस सर्वोच्च ज्ञान को स्पिनोजा 'अंतःप्रज्ञात्मक ज्ञान' कहते हैं :

> प्रणाली और उसके अंगों, दोनों का ही ज्ञान जिसमें दोनों की ही स्पष्टता बनी रहती हो । उनका विचार था कि इस ज्ञान या चेतना के साथ एक विशेष प्रकार की अनुभूति जुड़ी रहती है—विजय की अनुभूति न कि हानि की; स्वीकार की अनुभूति न कि अस्वीकार की; प्रेम की अनुभूति न कि शत्रुता की ··· । यह दर्शाती है कि नैतिकता विज्ञान के साथ संभव है, और वस्तुतः नैतिकता के बने रहने के लिए विज्ञान की ही आवश्यकता होती है ।[16]

अपनी प्रसिद्ध रचना *एथिका* में स्पिनोजा ने अपने पूर्ववर्ती विचारकों के सिद्धांत को आगे बढ़ाने का प्रयास किया । इसमें उन्होंने स्वतंत्रता की चर्चा भी जोड़ दी । उनका विचार था कि मानव-स्वतंत्रता को आवश्यकता की सीमाओं के भीतर भी प्राप्त किया जा सकता है । यह एक ऐसा गहन विचार था जिसे स्पिनोजा कदाचित इसकी संपूर्णता में नहीं समझ पाए । स्वतंत्रता की समस्या का समाधान ढूँढ़ने में उन्होंने अपनी प्रकृति संबंधी धारणा को आधार बनाया । उन्होंने देकार्त के द्वैत को चुनौती दी एवं एकसत्तावादी धारणा का समर्थन किया, जिसके अनुसार सत्ता एक है और संसार की प्रत्येक वस्तु की व्याख्या एक ही सिद्धांत द्वारा की जा सकती है । उनकी मान्यता थी कि केवल प्रकृति का ही अस्तित्व है क्योंकि यह स्वयं अपना हेतु है और अपनी सत्ता के लिए यह किसी अन्य पर आश्रित नहीं होती । चूँकि उनके लिए प्रकृति सर्जनात्मक है, अतः वे इसे दैवी सत्ता मानते हैं । द्रव्य की अनिरूपित सत्ता एवं संसार की भिन्न-भिन्न

वस्तुओं अथवा भौतिक एवं वैचारिक, दोनों ही 'पद्धतियों' के बीच भेद करते हुए स्पिनोजा ने यह माना कि पद्धतियाँ तो अनंत हैं किंतु द्रव्य एक ही रहता है। इसके अतिरिक्त, अनंत बुद्धि केवल अनंत द्रव्य को ही इसके समस्त रूपों एवं आयामों में ग्रहण कर सकती है, जबकि मानव की सीमित बुद्धि इस अनंत द्रव्य के सार को अनंत किंतु दो आयामों में ही ग्रहण कर सकती है—विस्तार एवं चिंतन के रूप में। विस्तृत रूप में देखने पर स्पिनोजा का चिंतन को द्रव्य के एक अभिलक्षण के रूप में पारिभाषित करने का प्रयास ध्यान देने योग्य है। यांत्रिक भौतिकवाद के किसी भी प्रतिनिधि से वे बहुत आगे थे और उस प्रस्थापना का पूर्वानुमान करने में वे अपने युग से कम-से-कम दो शताब्दी आगे थे जिसे एंगेल्स ने अन्य शब्दों में अभिव्यक्त किया है। जो भी हो, चिंतन के सार को समझते समय स्पिनोजा का यह विचार उचित ही था कि चिंतन एवं विस्तार एक ही द्रव्य ('प्रकृति' या उनके ईश्वर) के दो अभिलक्षण हैं।

> एक समग्रता के रूप में, देश और काल में एक अनंत समग्रता के रूप में समझी जाने पर प्रकृति स्वयं से ही अपने आंशिक रूपों को उत्पन्न करनेवाली होती है और जिसमें किसी भी क्षण (यद्यपि हर कहीं नहीं) अपने अभिलक्षणों के गुण विद्यमान रहते हैं, अर्थात् वे गुण जो अपनी अनिवार्यता के ही कारण पुनरुत्पादित होते हैं, न कि किसी संयोग, किसी चामत्कारिक संयोग द्वारा जिसका घटना अनिश्चित हो। संभवतः ठीक इसी कारण एंगेल्स स्पिनोजा के दार्शनिक विचारों का इतना आदर करते थे।[17]

> एंगेल्स लिखते हैं कि "इस बात का सर्वोच्च श्रेय उस युग के दर्शन को जाता है कि स्पिनोजा से लेकर महान फ्रांसीसी भौतिकवादियों तक सबने संसार की व्याख्या स्वयं संसार के द्वारा ही किए जाने पर बल दिया और विस्तृत औचित्य-स्थापन का कार्य भविष्य के प्राकृतिक विज्ञानों के लिए छोड़ दिया।"[18]

इसके अतिरिक्त स्पिनोजा ने वैज्ञानिक एवं धार्मिक, दोनों ही प्रकार के स्वतंत्र चिंतन के विकास को बढ़ावा देने की दिशा में बहुत कार्य किया। उनकी मान्यता थी कि रूढ़िवादी धर्म का उद्देश्य वस्तुओं के स्वरूप को समझना नहीं, बल्कि उच्च नैतिक सिद्धांतों का संस्कार डालना था। इसी कारण न तो धर्म को और न ही राज्य को चिंतन की स्वतंत्रता का अतिक्रमण करना चाहिए। समाज संबंधी स्पिनोजा के विचार उन्हें हॉब्स का उत्तराधिकारी बनाते हैं। किंतु हॉब्स के विपरीत स्पिनोजा की मान्यता थी कि राजतंत्र नहीं, बल्कि लोकतांत्रिक शासन शक्ति का सर्वोच्च रूप है और वे राज्य की सर्वशक्तिमत्ता को स्वतंत्रता द्वारा सीमित करते थे।[19] इस दृष्टि से देखने

पर 'प्राचीन स्पिनोजा' कई अर्थों में हमारे समकालीन विचारकों से आश्चर्यजनक रूप से अधिक आधुनिक थे।

वस्तुतः स्पिनोजा के कुछेक आधुनिक आलोचक जिस बात को हटा देना चाहते हैं वह एकरूपता की धारणा (अर्थात् द्रव्य का सिद्धांत, वस्तुओं के सामान्य स्वरूप का सिद्धांत) है। स्पिनोजा की अभिलक्षणों की समझ से उनके भौतिकवादी निहितार्थों को प्रायः छिपाने का प्रयास किया जाता है और इसके लिए समस्या का औपचारिक समाधान प्रस्तुत किया जाता है। लेकिन, चिंतन की एक प्रवृत्ति के रूप में भौतिकवाद का विरोध कोई नई बात नहीं है। चिंतन की ऐसी ही प्रवृत्ति बर्कले के मनोगत विचारवाद द्वारा भौतिक द्रव्य के निषेध में अथवा ह्यूम के अज्ञेयवाद में देखी जा सकती है।

इस दृष्टि से स्पिनोज़ा को भौतिकवादी कहा जा सकता है। किंतु स्पिनोजा का भौतिकवाद आधिभौतिक भौतिकवाद था क्योंकि वे गति को यथार्थ के गुण रूप में नहीं समझ पाए थे। फिर भी स्पिनोजा इस कारण महान थे कि उन्होंने अपने जीवन में कथन एवं व्यवहार, विचार एवं कर्म की एकता को साकार करने का ईमानदारी से प्रयास किया :

> कोई आश्चर्य नहीं कि प्रच्छन्न रूप से विचारवादी दृष्टिकोण का समर्थन करनेवाले प्रत्यक्षवादियों एवं नव-प्रत्यक्षवादियों को स्पिनोजा का दर्शन अत्यंत अरुचिकर प्रतीत हुआ।[20]

# प्राचीन एवं नवीन प्रज्ञान

सामान्यतः ऐसा कहा जा सकता है कि स्पिनोजा ने, बेकन एवं देकार्त की भाँति, नए युग में दार्शनिक ज्ञान के एक नए आदर्श की हिमायत की। इस नए युग ने न केवल सामंतवादी विचारधारा का निषेध किया, बल्कि एक विज्ञानोन्मुख बुद्धि की नई धारणा भी प्रस्तुत की। एक प्रामाणिक एवं व्यवस्थित ज्ञान के रूप में तथा पराप्राकृतिक नहीं, प्राकृतिक स्रोतों से उत्पन्न विज्ञान के महिमामंडन की बहुत सामाजिक सार्थकता थी। प्रकृति का जो महान ग्रंथ सबके लिए समान रूप से खुला है उसके अध्ययन एवं मनन द्वारा ही उस प्राचीन प्रज्ञान पर विज्ञान की विजय सुनिश्चित की जा सकती है जो कुछ गिने-चुने लोगों का गुप्त कोष है। अपने निबंध में थियोदोर आयजरमान ने उचित ही कहा है कि :

> मध्यकालीन विचारकों के, स्वयं उनके लिए उपलब्ध प्रज्ञान की बेकन हँसी उड़ाते हैं; यह ज्ञान, जैसाकि वे कहते हैं, हानिरहित नहीं है, बल्कि इसके विपरीत, समाज के लिए स्पष्ट रूप से घातक है।[21]

फिर भी बेकन स्वयं विरोधाभासों से मुक्त नहीं थे क्योंकि उन्होंने दैवी प्रज्ञान को नकारा नहीं है, किंतु उनका विश्वास है कि प्राकृतिक दर्शन का समस्त महत्व इस बात में है कि यह प्रकृति के नियमों की व्यवस्थित, बुद्धिपरक गवेषणा है जिसका लक्ष्य मानव के आविष्कारों को बहुगुणित करना है जिनमें मानव-कल्याण की क्षमता प्राचीन यूनान की समस्त ज्ञान-मुक्ताओं से अधिक है।

बेकन की ही भाँति देकार्त का भी विचार था कि प्रज्ञान आस्था नहीं होता, बल्कि वह ज्ञान होता है जिसे तत्क्षण प्राप्त नहीं किया जा सकता लेकिन परीक्षण एवं बुद्धि के स्वाभाविक मार्गदर्शन पर आधारित स्वतंत्र आलोचनात्मक खोज द्वारा प्राप्त किया जा सकता है। एक अर्थ में देकार्त प्रज्ञान को 'पूर्ण ज्ञान' समझते थे। वे दर्शन को प्रज्ञान का प्रेम एवं प्रज्ञान को सर्वाधिक महत्वपूर्ण बातों से संबंधित सत्यों का ज्ञान मानते थे। नवोदित प्रगतिशील बूर्जुवा वर्ग के सच्चे प्रवक्ता के रूप में देकार्त का

कहना था कि "जो लोग व्यावसायिक रूप से दर्शन से जुड़े होते हैं वे प्रायः उन लोगों की तुलना में कम विवेकशील एवं कम तार्किक होते हैं जिन्होंने कभी दर्शन का विधिवत अध्ययन नहीं किया होता।"

लेकिन देकार्त भी विरोधाभासों से परे नहीं थे, क्योंकि मानव की नैतिक प्रकृति संबंधी उनकी धारणाएँ मध्यकालीन पूर्वाग्रहों से मुक्त नहीं थीं। वे धर्म को नैतिकता का आधार मानते थे और मानव-इच्छा को बुद्धि की परिधि से बाहर मानते थे। इससे अप्रत्यक्ष रूप से ही सही, नागरिक समाज पर वर्चस्व प्राप्त शक्ति को बढ़ावा मिलता था। इस दृष्टि से, स्पिनोजा में यह घोषणा करने का साहस तो था कि स्वतंत्रता किसी धार्मिक या किसी अन्य संगठनात्मक सत्ता के प्रति समर्पण में नहीं है, बल्कि सार्वभौमिक आवश्यकता को पहचानने एवं उसके अनुरूप कार्य करने में है। इस प्रकार स्पिनोजा के लिए प्रज्ञान केवल ज्ञान ही नहीं था, बल्कि स्वतंत्रता भी था जिसका तात्पर्य न केवल प्रकृति पर, बल्कि स्वयं अपने-आप पर भी स्वामित्व है। अतः स्पिनोजा के अनुसार यह कहा जा सकता है कि प्रज्ञानयुक्त व्यक्ति को सदैव बुद्धि के विकास के साथ ही ब्रह्मांड की प्रकृति एवं इसमें मानव की स्थिति के सैद्धांतिक ज्ञान की खोज में लगे रहना चाहिए।

अब तक की विवेचना से स्पष्ट है कि नए युग के प्रगतिशील विचारक कुल मिलाकर प्राकृतिक विज्ञानों को धर्मशास्त्र से मुक्त कराने एवं दर्शन के सैद्धांतिक ज्ञान के क्षेत्र को पुनर्परिभाषित करने में रुचि रखते थे। यह ज्ञान, सिद्धांततः, आस्था का विरोधी था और संसार की पार्थिव एवं तार्किक समझ के लिए प्रतिबद्ध था। इसमें संसार को प्रायः 'वस्तुओं के संकुल' के रूप में देखा जाता था। इन विचारकों के चिंतन में यद्यपि मानव के सैद्धांतिक एवं व्यावहारिक विकास का एक महत्वपूर्ण चरण प्रतिबिंबित होता है, तथापि इनका चिंतन विरोधाभासों से मुक्त नहीं था। वस्तुतः इसमें एक ओर ज्ञान के संवेदनात्मक एवं बौद्धिक, अनुभवाश्रित एवं सैद्धांतिक रूपों, तो दूसरी ओर बुद्धि एवं इच्छा के बीच मौजूद अंतर्विरोध को बिना समाधान के ही छोड़ दिया गया था। जैसे ही बूर्जुवा वर्ग को यह ज्ञान हुआ कि विज्ञान को लाभ कमाने एवं आधिपत्य स्थापित करने के लिए प्रयुक्त किया जा सकता है, वह विज्ञान की प्रगति को बढ़ावा देने लगा, किंतु साथ ही नीतिशास्त्र, नैतिकता एवं मूल्यों के क्षेत्र में वह धर्मशास्त्र का ही समर्थन करता रहा। इस प्रकार यह विरोधाभास किसी एक विचारक के चिंतन की विशेषता नहीं है, बल्कि बूर्जुवा समाज का ही प्रतिबिंब है।

उपरोक्त बात को अत्यंत स्पष्ट रूप से जी. एफ. लाइब्नीज के दर्शन में देखा जा सकता है, जो एक साथ ही विज्ञान एवं धर्मशास्त्र—दोनों के समर्थक थे।

# लाइब्नीत्ज : विज्ञान और धर्मशास्त्र, दोनों के पक्षधर

गॉटफ्रेड विलहेल्म लाइब्नीत्ज (1646-1716) का जन्म लिपजिग में हुआ था, जहाँ उनके पिता नीतिशास्त्र के आचार्य थे। वे विश्वविद्यालय में विधि के विद्यार्थी थे और उन्होंने आल्टडोर्फ से डॉक्टर ऑफ लाज़ की उपाधि प्राप्त की। वे बर्लिन एकेडमी ऑफ साइंस के पहले अध्यक्ष बने। 1676 में वे हनोवर में पुस्तकाध्यक्ष के पद पर नियुक्त हुए और इसी पद पर रहते हुए 1716 में उनकी मृत्यु हुई। उन्होंने विज्ञान की विचारवादी व्याख्या प्रस्तुत की और पदार्थ, देश एवं काल की यथार्थता को नकारा, जबकि यही वह आधार था जिस पर मानवता ने संसार के ज्ञान का भवन बनाया है और बना रही है। धर्ममीमांसक धारणाओं का बौद्धिक औचित्य प्रस्तुत करके एवं भौतिकी की तुलना में तत्वमीमांसा को खड़ा करके लाइब्नीत्ज ने निस्संदेह जर्मनी में तत्कालीन प्रचलित सामंतवादी विचारधारा को बढ़ावा दिया। फिर भी, वे विज्ञान को ही प्रज्ञान की समुचित अभिव्यक्ति मानते थे और विज्ञान में उनकी रुचि केवल दार्शनिक होने के नाते ही नहीं थी, बल्कि एक प्रतिभाशाली गणितज्ञ एवं प्रयोगवादी वैज्ञानिक होने के नाते भी थी। कहा जाता है कि उन्होंने गणित में विभेदक कलन (डिफरेंशियल कैलकुलस) का आविष्कार किया था एवं भौतिकी में ऊर्जा के संरक्षण के नियम का पूर्वानुमान किया था। बरट्रेंड रसल उन्हें गणितीय तर्कशास्त्र का अग्रदूत मानते हैं।

तत्वमीमांसा के क्षेत्र में लाइब्नीत्ज को प्रायः अफलातून एवं हेगेल की भाँति वस्तुनिष्ठ विचारवादी माना जाता है। देकार्त एवं स्पिनोजा के विपरीत उन्होंने चिंतन एवं विस्तार को यथार्थ के लक्षण मानने से इनकार किया। यद्यपि इन दर्शनशास्त्रियों की भाँति वे भी द्रव्य की उस मूलभूत धारणा के महत्व को पहचानते थे, जो परिवर्तन की यथार्थता के असंगत थी, फिर भी लाइब्नीत्ज विस्तार को विभाज्य और इसी कारण द्रव्य के लिए उचित नहीं मानते। द्रव्य को लाइब्नीत्ज न तो विभाज्य और न ही विस्तार-युक्त मानते हैं। परिणामस्वरूप उनके सामने उस बात की व्याख्या करने की समस्या आई जो देश या विस्तार के रूप में सामने है। इसका समाधान उन्होंने यह कहकर किया कि अनेक द्रव्य

ऐसे हैं जिनके क्रम एवं संयोजन के कारण ही देश का आभास होता है। अतः कोई आश्चर्य नहीं कि स्पिनोजा के विपरीत, लाइब्नीत्ज एक नहीं, अनेक द्रव्यों को स्वीकार करते हैं जिन्हें वे 'चिद्णु' (आध्यात्मिक अणु) कहते हैं। लाइब्नीत्ज के अनुसार ये चिद्णु कुछ और नहीं, आत्माएँ ही हैं क्योंकि वे द्रव्य में विचार के अभिलक्षण को तो स्वीकार करते हैं और विस्तार के अभिलक्षण को अस्वीकार। इस प्रकार देश को भ्रमपूर्ण प्रत्यक्ष के रूप में व्याख्यायित करने का प्रयास किया गया है और इसी कारण इसे प्रत्येक 'चिद्णु' के प्रत्यक्ष में मनोगत माना गया है। परिणामस्वरूप वे 'चिद्णुओं' (आत्माओं) की बहुलता को स्वीकार करते हैं। ये ही समस्त यथार्थ, समस्त भौतिक एवं आध्यात्मिक संसार की मूल सत्ता के तत्व हैं। संसार के समस्त तत्व गुणात्मक रूप से समान हैं और वे केवल विचारों की सुस्पष्टता एवं प्रांजलता की दृष्टि से भिन्न हैं, जिनमें से प्रत्येक ब्रह्मांड के केंद्र को आत्म-सक्रिय रूप से प्रतिबिंबित करता है जो अपने-आप तक ही सीमित रहता है। इसी कारण कहा गया कि 'चिद्णु वातायन-रहित' होते हैं। कोई भी दो चिद्णु एकसमान नहीं होते। वे परस्पर-अनन्य होते हैं। जैसाकि लाइब्नीत्ज के प्रख्यात टीकाकार लाट्ट का कथन है, लाइब्नीत्ज नई शब्दावली का प्रयोग करके अपनी धारणाओं का औचित्य सिद्ध करना चाहते थे। ये शब्द हैं प्रत्यक्ष, विषयैषणा और अंतःप्रत्यक्ष। लाट्ट के शब्दों में :

"... अंश में एक विशिष्ट प्रकार की आध्यात्मिकता अथवा अपने ही भीतर से क्रिया करने की शक्ति होनी चाहिए और इसी के अनुरूप लाइब्नीत्ज वैयक्तिक को मूलतः एक गुण नहीं, बल्कि एक बल बतलाते हैं। अंश (अथवा वैयक्तिक द्रव्य) में स्थित यह गहन सार अथवा बल दो रूपों में प्रकट होता है। समग्रता के प्रतिनिधि या प्रतीक-रूप में अंश में, लाइब्नीत्ज के शब्दों में, 'प्रत्यक्ष' होता है, लेकिन जहाँ तक अंश में प्रच्छन्न समग्रता के साकार होने की प्रवृत्ति का प्रश्न है, अंश में 'विषयैषणा' मानी जाती है। अंश में इन दोनों लक्षणों का होना आवश्यक है क्योंकि यदि इसमें प्रत्यक्ष ही हो तो यह किसी अपरिवर्तनीय चित्र की भाँति समग्रता के किसी एक पक्ष का ही प्रतिनिधित्व करेगा। अपनी विषयैषणा के कारण ही अंश समग्रता के जीवन को साकार करने में, स्वतःस्फूर्त रूप से अपने भीतर से उसके सभी रूप प्रकट करने में सक्षम होता है, जिसका कि यह प्रतिनिधित्व करता है।

"अर्थात् चिद्णु में 'प्रत्यक्ष' तो होता है, किंतु आवश्यक नहीं कि यह 'प्रत्यक्ष' चेतना के अर्थ में हो। कारण कि चेतना प्रत्यक्ष या सार नहीं होती, बल्कि केवल एक अतिरिक्त निर्धारण होती है, जो विशेष प्रकार अथवा कोटि के प्रत्यक्ष में ही होती है। चेतन प्रत्यक्ष को लाइब्नीत्ज 'अंतःप्रत्यक्ष' कहते हैं। किंतु सामान्य रूप से प्रत्यक्ष का सार यह है कि इसमें हमें ऐसी एकता मिलती है जो विभिन्न रूपों में आशोधित होती है अथवा अनेक प्रकार के संबंधों में प्रकट होती है। 'मेरे पास अनेक विचारों की

संपत्ति है जिसका मैं प्रयोग करता हूँ, और फिर भी इस विविधता के बावजूद मैं एक ही रहता हूँ ।' किंतु इसका कारण अनिवार्यतः यह नहीं है कि मैं अनेक विचारों या उन वस्तुओं के प्रति सचेत हूँ जिनका मैं प्रत्यक्ष करता हूँ, और इस प्रकार विविधता में एकता दर्शाता हूँ । सारा प्रतिनिधित्व प्रत्यक्ष होता है । इसी प्रकार चिद्‌णु में विषयैषणा होती है, किंतु आवश्यक नहीं कि सचेत कामना या इच्छा के अर्थ में हो । जिस प्रकार प्रत्यक्ष का सार एकता में विविधता होता है, उसी प्रकार विषयैषणा का सार है—किसी सरल द्रव्य की एकरूपता अथवा स्थायित्व के भीतर परिवर्तन । विषयैषणा 'उस अंतर्भूत सिद्धांत की क्रिया है जो परिवर्तन उत्पन्न करता है अथवा एक प्रत्यक्ष से दूसरे प्रत्यक्ष में ले जाता है ।' चूँकि केवल चिद्‌णु ही यथार्थ होते हैं, इसलिए प्रकृति में होनेवाला प्रत्येक परिवर्तन चिद्‌णु में होनेवाला परिवर्तन ही है । यह परिवर्तन, जैसाकि कहा जा चुका है, उस समग्रता का ही प्रस्फुटन है जिसकी संभावना चिद्‌णु में निहित होती है या जिसका वह प्रतिनिधित्व करता है । दूसरे शब्दों में, यह परिवर्तन एक प्रत्यक्ष (अथवा प्रतिनिधित्व की चेतन या अचेतन अवस्था) से दूसरे प्रत्यक्ष में गमन होता है । इस प्रकार जहाँ कहीं भी परिवर्तन होता है, वहाँ विषयैषणा होती है । यह चिद्‌णु की स्वतः स्फूर्तता का, अपने संपूर्ण स्वरूप एवं अनुभव को अपने भीतर से प्रस्फुटित करने की इसकी क्षमता का ही दूसरा नाम है । अतः प्रत्यक्ष के रूप में चिद्‌णु ऐसा सामान्य होता है जिसका विशेष में समावेश होता है, बहिष्कार नहीं; जबकि विषयैषणक रूप में यह गतिशील होता है, स्थिर नहीं ।"[22]

किंतु संसार के क्रम एवं व्यवस्था की व्याख्या तब किस प्रकार की जाए ? ईश्वर ने चिद्‌णुओं की रचना ही इस प्रकार की है कि उनमें होनेवाले परिवर्तनों के बीच पूर्ण सामंजस्य रहता है । इस चमत्कार की व्याख्या करने के लिए लाइब्नीत्ज पूर्व-स्थापित सामंजस्य के सिद्धांत का प्रतिपादन करते हैं जो ईश्वर की इच्छा के अतिरिक्त कुछ और नहीं है ।

लेनिन ने कहा था कि "धर्म-मीमांसा द्वारा लाइब्नीत्ज पदार्थ एवं गति के अविभाज्य संबंध के सिद्धांत तक पहुँचे थे ।"[23]

तथापि, गति की व्याख्या करने में उन्हें एक विरोधाभास का सामना करना पड़ा । उनकी मान्यता है कि चिद्‌णुओं में कोई पारस्परिक हैतुक संबंध नहीं होता, फिर भी वे एक सामंजस्यपूर्ण समग्रता का निर्माण करते हैं । इस समग्रता में एक ऐसा संसार विकसित या प्रतिबिंबित होता है जिसका नियमन सर्वोच्च चिद्‌णु अर्थात् परमेश्वर करता है । कुछेक आधुनिक आलोचकों ने भी, जो लाइब्नीत्ज के बहुलवाद के विपरीत एकसत्तावादी विचारवाद के पक्षधर हैं, कहा है :

"भौतिक जगत की व्याख्या करने के लिए लाइब्नीत्ज को चिद्‌णु के सिद्धांत की

आवश्यकता अनुभव हुई । वे दर्शाते हैं कि किस प्रकार गति के लिए, जोकि यथार्थ का प्रमुख लक्षण है, बलों की आवश्यकता है, और फिर अचानक वे विचारवादी तत्वमीमांसा की ओर उन्मुख हो जाते हैं ... । भौतिक गति से आध्यात्मिक गतिविधि की ओर यह अचानक संक्रमण अनावश्यक है और इसका कारण उनकी नैतिक एवं धार्मिक रुचि ही हो सकती है । बल से आध्यात्मिक गतिविधि में संक्रमण लाइब्नीत्ज की प्रणाली में अपूर्णरूपेण तार्किक है ।"[24]

"आगे यह भी दर्शाया गया है कि चिद्णुओं की वास्तविकता, उनके प्रकार, उनके लक्षण, निम्नतम चिद्णु से लेकर उच्चतम चिद्णु तक के सोपान में उनका अस्तित्व, इन सबका अनुमान एक ऐसे देश-जगत से किया गया है जिसे वे पूर्ण मानते हैं । दर्शन के गणितीय आदर्श के प्रभाव में वे प्रत्येक बात को सरल धारणाओं के रूप में बदलकर देखते हैं । जटिल संसार को वे सरल रूप-रेखाओं में विभाजित कर देते हैं । किंतु क्या इन सरल चिद्णुओं से भौतिक संसार की ओर वापस जाया जा सकता है ?"[25]

इसका उत्तर नकारात्मक है । जैसा कि बर्नाल का कहना है : "अपनी समस्त गणितीय एवं दार्शनिक प्रतिभा एवं यूरोपीय शांति की दुहाई देने के बावजूद लाइब्नीत्ज अनिवार्यतः एक मध्यकालीन विचारक ही थे । उन्होंने पूर्व-स्थित व्यवस्था का सिद्धांत प्रतिपादित किया जो पादरियों के नियति के सिद्धांत से बहुत भिन्न नहीं था और वे इस तथ्य की प्रशंसा करते थे कि जो कुछ भी है, वह समस्त संभव संसारों में सर्वोत्तम इस संसार के लिए सर्वोत्तम है ।"[26]

दर्शन को धर्मशास्त्र के पिंजरे में बंद करके लाइब्नीत्ज ने समाज में यथास्थितिवाद को बल पहुँचाया और यथार्थ संसार के अंतर्विरोधों की व्याख्या करने में असफल रहे । अगर परवर्ती विचारकों ने यह अनुभव किया कि लाइब्नीत्ज के सिद्धांत-पटल पर चित्रित आत्मतुष्टिदायक चित्र में कहीं कोई दोष है तो इसमें आश्चर्य की कोई बात नहीं है ।

इस चित्र को फ्रांसीसी बौद्धिक जागरण एवं बुद्धिवाद ने लगभग पूरी तरह ध्वस्त कर दिया । ये दोनों बातें क्रांति के पूर्वकाल में फ्रांसीसी लोगों की सामान्य एवं राजनीतिक दशाओं से घनिष्ठ रूप से जुड़ी हुई थीं । उदाहरण के लिए वॉल्तेयर (1694-1778) ने अपने उपन्यास *कांदीद* में लाइब्नीत्ज की हँसी उड़ाई है । हेल्वेशियस (1715-1771), एब्बे द' कांदीलाक (1715-1780), दिदेरो (1713-1784), ला मेत्र (1709-1751) एवं अन्य विचारक लाइब्नीत्ज के महान विरोधी जॉन लॉक से अत्यधिक प्रभावित थे, जिन्होंने सभी मध्यकालीन विचारों को सदा के लिए समाप्त कर दिया ।

# लॉक : अनुभवाश्रित दर्शन के प्रणेता

जॉन लॉक (1632-1704) का जन्म 29 अगस्त, 1632 को रिंगटन में हुआ था। लॉक ने चौदह वर्षों तक घर पर ही रहकर अपने पिता की प्रत्यक्ष देखरेख में शिक्षा प्राप्त की। तत्पश्चात् 1646 से छः वर्षों तक उन्होंने वेस्टमिंस्टर विद्यालय में अध्ययन किया। 1652 में वे क्राइस्ट चर्च कॉलेज, ऑक्सफोर्ड में प्रविष्ट हुए जहाँ उन्होंने तीस वर्ष व्यतीत किए। 1684 में चार्ल्स द्वितीय की आज्ञा से उन्हें वहाँ से निष्कासित कर दिया गया। ऑक्सफोर्ड में अध्ययन करते समय पांडित्यवादी विचारकों के 'वाग्जालों' से उनका मोहभंग हुआ। वाग्जाल की इस परंपरा से छुटकारा पाना इसलिए संभव नहीं था, क्योंकि विश्वविद्यालय शुद्धतावादियों के नियंत्रण में था। अपने अध्यापकों के प्रति लॉक के मन में विशेष आदर-भाव नहीं था और अंततः वे प्रयोगात्मक विज्ञानों, विशेषतः चिकित्सा-विज्ञान की ओर उन्मुख हुए। लॉक स्वयं एक वैज्ञानिक एवं डॉक्टर थे और उनके चिंतन में पराप्राकृतिक के लिए कोई स्थान नहीं था। वे नियम के शासन—न्यूटन के वैज्ञानिक नियम एवं 1688 की संवैधानिक क्रांति द्वारा स्थापित नागरिक कानून—के पक्षधर थे। 1666 में लॉक की भेंट प्रख्यात राजनीतिज्ञ एश्ले से हुई। एश्ले बाद में शाफ्ट्सबरी के प्रथम अर्ल हुए। यह भेंट आजीवन मित्रता में परिणत हुई और परिणामस्वरूप लॉक भी अंततः व्यावहारिक राजनीति में कूद पड़े। नवंबर 1688 में उन्हें रॉयल सोसायटी का सदस्य बनाया गया। सन् 1670 में अपनी सुप्रसिद्ध रचना *ऐन एस्से कंसर्निंग ह्यूमन अंडरस्टैंडिंग* की पहली रूपरेखा उन्होंने सामने रखी। उनकी संपूर्ण रचनाएँ, जिनमें शासन पर उनके दो प्रबंध भी सम्मिलित हैं, 1690 में प्रकाशित हुईं। 1704 में बहत्तर वर्ष की आयु में उनकी मृत्यु हुई। धार्मिक एवं तांत्रिक निरंकुशता के विरुद्ध होने के कारण लॉक को खतरनाक व्यक्ति माना गया और उन पर विद्रोह से संबंधित होने का संदेह भी किया जाता रहा। "यह विचार कि यदि वर्तमान सामाजिक व्यवस्था व्यक्ति को शिक्षा एवं विकास के उचित अवसर प्रदान नहीं करती तो लोगों को स्वयं उसे बदल देना चाहिए, बूर्जुवा क्रांति के औचित्य-स्थापन के लिए अत्यंत महत्वपूर्ण था।"[27]

अतः कोई आश्चर्य नहीं कि लॉक ने व्यक्ति की स्वतंत्रता एवं श्रमपूर्वक अर्जित

संपत्ति की रक्षा को राज्य-शक्ति का कार्य माना। इसीलिए उनकी धारणा थी कि सरकार स्वेच्छाचारी एवं निरंकुश नहीं हो सकती। उन्होंने सरकार के प्रकार्यों को तीन भागों में विभाजित किया है : 1. विधायी, 2. कार्यकारी, एवं 3. न्यायिक। उनके राजनीतिक सिद्धांत को उनके नैतिक सिद्धांत पर आधारित माना जाता है। उनकी धारणा थी कि सुख की खोज करना एवं दुख से बचना मानव का पहला कर्तव्य है। यदि सुख का अर्थ आनंदोपभोग से लिया जाए तो कहा जा सकता है कि लॉक ने एक शताब्दी पूर्व ही बेंथम के उपयोगितावाद का पूर्वानुमान कर लिया था।

जो भी हो, दर्शन में लॉक का सबसे बड़ा योगदान यह है कि उन्होंने ज्ञान का एक ऐसा सिद्धांत प्रतिपादित करने का प्रयास किया जो प्राकृतिक विज्ञान की मान्यताओं के अनुरूप था। साथ ही, उन्होंने चिंतन की पद्धतियों को दर्शन की समस्याओं के एवं मानवजाति के अध्ययन में प्रयुक्त करने का प्रयास किया। इसी कारण उनको अनुभवाश्रित दर्शन का प्रणेता माना जाता है। यद्यपि लॉक से पूर्व बेकन भी यह घोषणा कर चुके थे कि संवेदना ही समस्त ज्ञान का स्रोत है, लेकिन लॉक का दृष्टिकोण अपने पूर्ववर्ती विचारकों, बेकन एवं हॉब्स की तुलना में अधिक दार्शनिक है।

> बेकन और हॉब्स, दोनों ही एक विशेष प्रकार के ज्ञान के उत्पादन में वैज्ञानिक तर्क-वितर्क की क्षमता एवं प्रामाणिकता को मानकर चलते थे और इस गवेषणा को उन्होंने इसकी कार्यविधियों के विश्लेषण तक सीमित रखा।[28]

देकार्त की भी मान्यता थी कि बिना किसी अपवाद के प्रत्येक वस्तु का ज्ञान संभव है। इसके लिए केवल एक उचित बुद्धिसंगत विधि को अपनाने की आवश्यकता है। एक विचारक के रूप में लॉक प्रत्येक वस्तु का ज्ञान प्राप्त करने एवं प्रत्येक समस्या का समाधान करने में बुद्धि की असीम क्षमता को आँखें मूँदकर स्वीकार नहीं करते थे।

अपने *एस्से* में लॉक ने मुख्य रूप से मानव-ज्ञान के स्रोत, उसकी प्रकृति, प्रामाणिकता एवं सीमाओं का विवेचन किया है। एक भौतिकवादी अनुभववादी के रूप में उन्होंने अंतर्भूत विचारों के बुद्धिवादी-विचारवादी सिद्धांतों के विरुद्ध विद्रोह किया। इस बात की आवश्यकता विशेष रूप से लाइब्नीत्ज के चिद्णुओं के सिद्धांत के पश्चात् अनुभव की गई। इसके अनुसार चिद्णु 'वातायन-रहित' होते हैं और इसलिए समस्त ज्ञान की उत्पत्ति किसी प्रकार भीतर से ही होनी चाहिए, यह बाहर से नहीं हो सकती। लॉक द्वारा अंतर्भूत विचारों के सिद्धांत का विस्तृत खंडन आधुनिक शास्त्रीय दर्शन का एक भाग है, अतः इसका पूरा-पूरा अध्ययन किया जाना चाहिए। दुर्भाग्य से इस संक्षिप्त पुस्तिका में लॉक के दार्शनिक विचारों के लंबे उद्धरण देने की संभावना नहीं है। तथापि अंतर्भूत विचारों के खंडन द्वारा लॉक जिस बात को स्थापित करना चाहते थे वह यह है कि मन मूलतः एक *टेबुला रासा* (कोरी तख्ती) के

समान है और अंततः इसमें समाविष्ट होनेवाले सभी विचार, सरल हों या जटिल, सिद्धांत-रूप में हों या व्यावहारिक, ज्ञानेंद्रियों के माध्यम से ही आते हैं। मन के *टेबुला रासा* सिद्धांत के अनुसार जन्म के समय व्यक्ति का मन कोरे कागज की भाँति होता है जिस पर अनुभव अपनी छाप छोड़ता है। लॉक सामान्य सिद्धांतों के विरोधी नहीं थे, किंतु वे उन्हें आत्मा में अंतर्भूत सिद्धांत नहीं मानते थे जो प्रत्येक व्यक्ति को जन्म से ही प्राप्त होते हों। तथापि, सामान्य धारणाएँ एवं सिद्धांत लॉक की दृष्टि में मात्र भाषा एवं रीति की बातें हैं। उनका विचार था कि सैद्धांतिक एवं व्यावहारिक, दोनों ही प्रकार के जगत में तथाकथित सार्वभौमिक रूप से स्वीकृत सामान्य सिद्धांत अ-तथ्य होते हैं। न तो तर्कशास्त्र के आधारभूत नियमों और न ही नैतिक सिद्धांतों को अंतर्भूत कहा जा सकता है क्योंकि बालकों, बुद्धिहीनों एवं अशिक्षित आदिम लोगों में ये विद्यमान नहीं होते। बालकों में तो विशेष रूप से इस बात के अनेक प्रमाण मिल जाएँगे कि यह सीखने के पूर्व ही वे तर्कबुद्धि का प्रयोग करने लगते हैं कि "कोई वस्तु है और नहीं भी है, यह शायद संभव नहीं है।" अतः लॉक का निहितार्थ यह प्रतीत होता है कि "ज्ञान के प्रथम तथ्य सामान्य सिद्धांत नहीं होते, अपितु विशिष्ट दृष्टांत (संस्कार) होते हैं। अंतर्विरोध के तर्कशास्त्रीय सिद्धांत को समझने से बहुत पहले ही बालक यह जान जाता है कि मिठाई कड़वी नहीं होती।" लाइब्नीत्ज एवं अन्य विचारकों द्वारा प्रतिपादित 'अंतर्भूत विचारों' का खंडन करने के लिए लॉक यह विचार प्रस्तुत करते हैं कि समस्त ज्ञान अनुभव से ही उत्पन्न होता है। लॉक ने मानव-संवेदना की मानववादी पुनर्स्थापना का प्रयास किया जिसे धर्ममीमांसा एवं विचारवादी बुद्धिवाद के कारण ग्रहण लगा हुआ था। समस्त ज्ञान का स्रोत अनुभव ही है, इस तथ्य से आरंभ करके लॉक अनुभव को दो रूपों में विश्लेषित करते हैं—संवेदना एवं परावर्तन। संवेदना एवं प्रतिबिंबन ही मन को समस्त विचार प्रदान करते हैं जो फिर सरल एवं जटिल विचारों में विभाजित हो जाते हैं।

> उन सभी विचारों को, जो सरल नहीं हैं, लॉक सरल विचारों का समास कहते हैं। हम अनेक गुणों को एक साथ रखकर किसी अश्व या किसी मेज का जटिल विचार बनाते हैं। निस्संदेह, इसी विधि से हमारे समस्त विचार उत्पन्न होते हैं।[29]

किंतु हमारे विचारों एवं उन वस्तुओं के बीच क्या संबंध होता है जिनके कि ये विचार हैं? यहाँ लॉक एक महत्वपूर्ण अंतर की आवश्यकता अनुभव करते हैं। उनका कथन है कि "सरल विचार दो प्रकार के होते हैं। कुछ तो प्राथमिक गुणों के विचार होते हैं और ये उन गुणों के 'समान' होते हैं जो वास्तव में वस्तु के गुण होते हैं। दूसरे विचार द्वितीयक गुणों के विचार होते हैं और इनके मामले में सच कहा जाए तो वस्तु में ऐसे कोई गुण नहीं होते जिनका प्रतिबिंबन ये विचार करते हों।"

ठोसपन, विस्तार, आकार, गति इत्यादि गुण प्राथमिक गुण होते हैं जबकि रंग, स्वाद, गंध इत्यादि द्वितीयक गुणों के अंतर्गत आते हैं। लॉक द्वारा प्रस्तुत प्राथमिक एवं द्वितीयक गुणों के अंतर का समस्त विचारवादी संवेदनावादी विचारकों ने कड़ा विरोध किया। ये विचारक मन से स्वतंत्र वस्तुगत यथार्थ के अस्तित्व को अनिवार्यतः अस्वीकार करते हैं और संज्ञान की वस्तु को संवेदनाओं का योग मात्र बना देते हैं। जो भी हो, लॉक चित्त को बाह्य जगत का दर्पण मानते हैं। उनके अनुसार प्रकृति के संबंध में हम जो भी जानते हैं या मानते हैं, उसका निर्धारण पर्यावरण की शक्तियों द्वारा ही होता है। उनकी धारणा थी कि हमारे मन में जो कुछ भी है, वह भौतिक पदार्थों द्वारा इस पर डाले गए संस्कारों के कारण ही है। अतः उनके लिए पदार्थ मन से पहले आता है और वे आत्मा को पदार्थ से गौण मानते हैं। यह संसार के प्रति उनके यथार्थवादी दृष्टिकोण का सूचक है। फिर भी, लॉक का अनुभवाश्रित दर्शन असंगतियों से मुक्त नहीं है।

बोध के विस्तार की संभावना का निश्चय करने के लिए वे बोध की सीमाओं का परीक्षण आरंभ करते हैं। इस परीक्षण का निष्कर्ष केवल यह निकला कि "हमारे संज्ञान की वस्तुएँ हमारे अपने विचारों के निजी संसार तक सीमित होती हैं।" उनका विचार था कि हमारे ज्ञान का क्षेत्र हमारे विचारों के क्रम और व्यवस्था के, उनकी संगति या असंगति के प्रत्यक्ष तक ही सीमित होता है। यद्यपि वे हमारे विचारों को उत्पन्न करनेवाले वस्तुनिष्ठ संसार के अस्तित्व को स्वीकार करते हैं, फिर भी उनकी धारणा है कि इस संसार का निर्माण करनेवाली वस्तुओं की प्रकृति को जानना संभव नहीं है।

इस प्रकार लॉक की मान्यता है कि वैज्ञानिक गवेषणा आभासों के क्षेत्र तक ही सीमित रहती है और इसकी पहुँच वस्तुओं के सार तक नहीं होती।

> इसकी विशेषता यह है कि एक ओर तो इससे, एक साथ ही, अन्वेषक अनुभवाश्रित दृष्टिकोण एवं प्राकृतिक विज्ञानों की खोजों को स्वीकार कर सकते हैं, और दूसरी ओर सामाजिक एवं नैतिक समस्याओं की विवेचना को ऐसे स्तर पर रख सकते हैं जहाँ यथार्थ अंतर्विरोध एवं समाज में कार्यशील प्रेरक शक्तियाँ सामाजिक चेतना के आवरण में छिपी रहती हैं और उन्हें हस्तक्षेप नहीं करने दिया जाता।[30]

इस प्रकार यह कहा जा सकता है कि, कम-से-कम कुछ सीमा तक सही, लॉक यथार्थ का अन्वेषण करने एवं उसे जानने की मानव-मन की शक्ति एवं क्षमता में आस्था प्रकट करते हैं।

फिर भी, अपनी समस्त सीमाओं के बावजूद लॉक एक महान दर्शनशास्त्री थे क्योंकि

उन्होंने ज्ञान के विकास में अनुभव की भूमिका पर उचित बल दिया। साथ ही, लॉक के अनुभववाद ने कम-से-कम इंग्लैंड में अतिवादी मनोगत विचारवाद का मार्ग प्रशस्त किया। यह बात लॉक के परवर्ती बर्कले के दर्शन से स्पष्ट है। लॉक के अनुभववाद से प्रेरित होकर कुछ लोगों ने प्रत्येक बात पर संशय करना आरंभ कर दिया और इस नकारात्मक निर्णय पर पहुँचे कि वस्तुतः किसी भी बात का ज्ञान असंभव है। ठीक यही सैद्धांतिक पक्ष मनोगत, संशयवाद या अज्ञेयवाद का है जिनके पक्षधर क्रमशः बिशप बर्कले एवं डेविड ह्यूम हैं। जैसा कि जे.डी. बर्नाल का कथन है : "1690 तक विज्ञान रंगमंच पर निश्चित रूप से आ चुका था। जब बर्कले विचारवाद एवं धर्म का पक्ष-पोषण कर रहे थे ... उस समय तक इसने महान प्रतिष्ठा प्राप्त कर ली थी।"

# मनोगत विचारवाद की ओर

जॉर्ज बर्कले का जन्म 1685 में आयरलैंड में हुआ था। 1734 में वे बिशप बने। उनकी प्रमुख रचनाएँ हैं : *ट्रीटाइज कंसर्निंग दि प्रिंसिपुल्स ऑफ ह्यूमन नॉलेज, थ्री डॉयलाग्स बिट्वीन हाइलस एंड फिलोनॉस, थ्योरी आफ विज़न,* इत्यादि।

इस मान्यता से आरंभ करके कि मानव अपने विचारों (संवेदनाओं) के अतिरिक्त किसी अन्य वस्तु का सीधा प्रत्यक्ष नहीं करता, बर्कले ने अपने इस प्रसिद्ध सूत्र को सामने रखा कि किसी भी वस्तु का अस्तित्व उसके प्रत्यक्ष किए जाने पर ही होता है। भौतिक पदार्थों का प्रत्यक्ष करनेवाले मन से भिन्न कोई अस्तित्व नहीं होता। वे समस्त क्रियाकलाप को मन से ही संबंधित मानते थे और यह मन एक अकायिक द्रव्य अथवा आत्मा है जिसमें विचारों को उत्पन्न करने की क्षमता होती है। बर्कले की मान्यता है कि संज्ञान की प्रक्रिया में वैयक्तिक मन एवं इसके विचार ही निर्धारक होते हैं। इसी को शूद्ध अहंमात्रवाद कहते हैं। अहंमात्रवाद से बचने के लिए बर्कले ने एक पराप्राकृतिक अभिकरण अर्थात् ईश्वर की परिकल्पना प्रस्तुत की। वे हमारे विचारों का हेतु बाह्य भौतिक वस्तुओं में नहीं, बल्कि ईश्वर के मन में विचारों के शाश्वत अस्तित्व में मानते हैं। दूसरे शब्दों में, बर्कले पलटकर पराप्राकृतिकवाद एवं मनोगत विचारवाद तक जा पहुँचे। निम्न उद्धरण में लेनिन ने बड़े सुंदर ढंग से बर्कले के दर्शन का सार प्रस्तुत किया है और साथ ही यह भी दर्शाया है कि किस प्रकार यह धार्मिक आस्था का पक्षपोषण मात्र है। लेनिन कहते हैं :

"*ट्रीटाइज कंसर्निंग दि प्रिंसिपुल्स ऑफ ह्यूमन नॉलेज* शीर्षक से 1710 में छपी बिशप जॉर्ज बर्कले की रचना इस तर्क से आरंभ होती है : 'मानव-ज्ञान की वस्तुओं का सर्वेक्षण करनेवाले किसी भी व्यक्ति को स्पष्ट होगा कि ये वस्तुएँ या तो ज्ञानेंद्रियों पर वास्तव में अंकित विचार होते हैं या ये ऐसे विचार होते हैं जिनका मन के संवेगों और क्रियाकलाप के माध्यम से प्रत्यक्ष किया जा सकता है; अंत में वे विचार आते हैं जिनका निर्माण स्मृति एवं कल्पना की सहायता से होता है ··· दृष्टि से मुझे प्रकाश एवं रंगों की विभिन्न कोटियों एवं प्रकारों का ज्ञान होता है। स्पर्श द्वारा मुझे कठोर और

कोमल, गरम और ठंडे, गति और अवरोध का ज्ञान होता है ··· घ्राण मुझे गंधों, स्वादेंद्रिय स्वादों एवं श्रवणेंद्रिय मुझे ध्वनि का ज्ञान कराती है ··· और चूँकि इनमें से अनेक एक-दूसरे के साथ देखे जाते हैं, इसलिए इन्हें एक नाम से जाना जाता है और ये एक वस्तु माने जाने लगते हैं। इस प्रकार, उदाहरण के लिए एक विशिष्ट रंग, स्वाद, गंध, आकार, एवं संगति के समूह को किसी विशिष्ट वस्तु से जोड़ा जाता है जिसे 'सेब' नाम से जाना जाता है; विचारों के अन्य समूहों से पत्थर, पेड़, पुस्तक और इसी प्रकार की अन्य वस्तुओं का निर्माण होता है।···'

''बर्कले आगे कहते हैं कि इन विचारों अथवा ज्ञान की वस्तुओं के अतिरिक्त एक वस्तु ऐसी भी होती है जो इनका प्रत्यक्ष करती है—यह है मन, आत्मा या स्वयं मैं। विचारकों की मान्यता के अनुसार यह स्वतः स्पष्ट है कि प्रत्यक्ष करनेवाले मन के बाहर विचारों का अस्तित्व नहीं हो सकता। इस बात के प्रति आश्वस्त होने के लिए 'अस्तित्वमान होना' शब्द के अर्थ पर विचार करना ही पर्याप्त होगा। 'जिस मेज पर मैं लिखता हूँ उसका अस्तित्व है, अर्थात् मैं इसे देखता एवं स्पर्श करता हूँ और यदि मैं अपने अध्ययन-कक्ष के बाहर होता हूँ तो कहना चाहिए कि इसका अस्तित्व था, अर्थात् यदि मैं अपने अध्ययन-कक्ष में होता तो मैं इसका प्रत्यक्ष कर सकता था।' यह बात बर्कले ने अपनी रचना के खंड तीन में कही है और तत्पश्चात् वे उन लोगों का खंडन करते हैं जिन्हें वे भौतिकवादी कहते हैं।''

लेनिन आगे कहते हैं : ''वे (बर्कले) कहते हैं कि मेरी समझ में यह नहीं आता कि कोई उनका प्रत्यक्ष करता है, इस तथ्य पर विचार किए बिना वस्तुओं के निरपेक्ष अस्तित्व की बात कैसे की जा सकती है। अस्तित्वमान होने का अर्थ ही है प्रत्यक्ष किया जाना।··· 'निस्संदेह लोगों में यह विचित्र धारणा प्रचलित है कि भवनों, पर्वतों, नदियों अर्थात् समस्त संवेद्य वस्तुओं का एक नैसर्गिक या यथार्थ अस्तित्व होता है जो बोध द्वारा होनेवाले प्रत्यक्ष से अलग है।' बर्कले का कथन है कि यह धारणा एक 'स्पष्ट अंतर्विरोध' है। 'कारण कि पूर्वकथित वस्तुएँ उन वस्तुओं के अतिरिक्त और क्या हैं जिनका प्रत्यक्ष हम संवेदना द्वारा करते हैं और अपने विचारों एवं संबंधों के अतिरिक्त हम अन्य किसका प्रत्यक्ष करते हैं? और क्या यह उल्टी बात नहीं है कि इनमें से कोई एक या इनका कोई संयोजन प्रत्यक्ष के बिना अस्तित्वमान हो?'''

जैसाकि लेनिन स्पष्ट रूप से दर्शाते हैं :'''विचारों का संकलन' के स्थान पर बर्कले 'संवेदनाओं का संयोजन' का प्रयोग करते हैं जिसे वे पहलेवाली अभिव्यक्ति के समकक्ष मानते हैं और भौतिकवादियों पर और आगे जाकर इस संकुल अर्थात् 'संवेदनाओं के संयोजन' का स्रोत खोजने का आरोप लगाते हैं।''[31]

बाह्य जगत या प्रकृति को ''हमारे मन में किसी देवता द्वारा प्रेरित संवेदनाओं का

संयोजन'' मानकर बिशप बर्कले उस मूल धार्मिक आस्था के प्रति आश्वस्त हो जाते हैं जिसका पक्षपोषण करना उनके दर्शन का लक्ष्य है। यह आस्था बाह्य जगत संबंधी उस आस्था के विपरीत है जिसे वे भौतिकवाद का सार मानते हैं और यही नास्तिकों एवं भाग्यवादियों का मुख्य आधार है। जैसाकि वे कहते हैं : ''हम बाह्य जगत या प्रकृति को मन से बाहर, मानव से बाहर स्थित संवेदनाओं का संयोजन समझ लें तो मैं भी इसे मान लूँगा और मन से बाहर, मानव से बाहर इन संवेदनाओं के आधार की खोज छोड़ दूँगा, और मैं ज्ञान के अपने विचारवादी सिद्धांत की रूपरेखा के अंतर्गत समस्त प्राकृतिक विज्ञान एवं इसके निगमनों के समस्त महत्व एवं प्रामाणिकता को स्वीकार कर लूँगा। 'शांति' एवं धर्म के समर्थन में अपने निगमन के लिए ठीक यही रूपरेखा और केवल यही रूपरेखा तो मुझे चाहिए।''[32]

क्या बिशप बर्कले के ये दावे विचारवादी दर्शन एवं इसके सामाजिक महत्व को स्पष्टतः नहीं दर्शाते कि यह धार्मिक आस्था का पक्षपोषण है ?

# ह्यूम : विज्ञान के ध्वंस द्वारा धर्ममीमांसा का ध्वंस

किंतु बर्कले शुद्ध दार्शनिक संशयवाद की सीमा तक नहीं जा सके। इस कार्य को किया उनके उत्तराधिकारी डेविड ह्यूम ने।

डेविड ह्यूम का जन्म 26 अप्रैल, 1711 को एडिनबरा में हुआ था। उनके शैशवकाल में ही उनके पिता की मृत्यु हो गई थी। उनकी माता ने ही उनका लालन-पालन किया। उनके विद्यालय-काल के संबंध में अधिक ज्ञात नहीं है। ऐसा माना जाता है कि उन्होंने एडिनबरा विश्वविद्यालय में यूनानी भाषा का अध्ययन किया, किंतु स्नातक की परीक्षा पास नहीं की। कहा जाता है कि उनके परिवार के लोगों ने सत्रह वर्ष की अवस्था में उन्हें वकील बनाने का प्रयास किया, किंतु इसमें सफलता नहीं मिली। उन्होंने व्यापार और वाणिज्य के क्षेत्र में भी भाग्य आजमाया, किंतु निराशा ही हाथ लगी। बाद में उन्होंने अपना समस्त ध्यान इतिहास एवं दर्शन के अध्ययन में लगाया। 1752 में एडिनबरा में पुस्तकालयाध्यक्ष के पद पर नियुक्त होने पर उन्होंने अपनी प्रसिद्ध रचना *हिस्ट्री ऑफ इंग्लैंड* लिखी। 1763 में वे 'राजदूत' लॉर्ड हटफोर्ड के सचिव बनकर फ्रांस गए। वहाँ वे रूसो के संपर्क में आए। 1776 में वे इंग्लैंड लौट आए और उसी वर्ष उनकी मृत्यु हो गई। उनकी प्रमुख रचनाएँ हैं *ट्रीटाइज ऑन ह्यूमन नेचर* (1738), *एस्सेज मॉरल एंड पोलिटिकल* (1742), *ऐन इंक्वायरी कंसर्निंग दि ह्यूमन अंडरस्टैंडिंग* (1748), *पोलिटिकल डिस्कोर्स* (1752), *हिस्ट्री ऑफ इंग्लैंड* (छः भाग) (1754-1762), इत्यादि।

अपनी प्रमुख दार्शनिक रचना *ट्रीटाइज ऑन ह्यूमन नेचर* में ह्यूम मानव स्वभाव को समझने के लिए प्रायोगिक विज्ञान की पद्धतियों का प्रयोग करके मानव का विज्ञान विकसित करने का प्रयास करते हैं। उनकी धारणा थी कि मानव के विज्ञान को सभी प्रकार के ज्ञान का आधार होना चाहिए। जब तक हम सत्ता का अन्वेषण करने में मानव की प्रकृति एवं क्षमता के संबंध में आश्वस्त नहीं होते, हम पूर्वकल्पित सिद्धांतों तक ही सीमित रहेंगे। उनकी मान्यता थी कि अन्वेषण का मूल विषय स्वयं मन है,

अतः मन को वैसा ही समझना चाहिए जैसाकि भौतिक विज्ञान में किसी भौतिक पदार्थ को समझा जाता है ।

यह रचना 1738 में प्रकाशित हुई । परंतु इस रचना को अधिक प्रसिद्धि नहीं मिली । अतः उन्होंने एक संक्षिप्त एवं पठनीय पुस्तक लिखने का प्रयास किया जिसका लक्ष्य अपनी दार्शनिक भावनाओं एवं सिद्धांतों को अधिक सटीक रूप में प्रस्तुत करना था । यह रचना थी *ऐन इंक्वायरी कंसर्निंग ह्यूमन अंडरस्टैंडिंग* (1748) । फिर भी, एक दार्शनिक रचना के रूप में *ट्रीटाइज* अत्यंत महत्वपूर्ण है और *इंक्वायरी* उसका स्थान नहीं ले सकती । इसका तात्पर्य यह कदापि नहीं है कि *इंक्वायरी* का कम दार्शनिक महत्व है । सामान्यतः माना जाता है कि ह्यूम ने लॉक एवं बर्कले की परंपरा को ही आगे बढ़ाया और अनुभवाश्रित सिद्धांतों को उनके तार्किक निष्कर्षों तक ले गए और इस प्रकार उन्होंने अनुभववाद को अतिवादी मनोगतवाद एवं संशयवाद में परिणत कर दिया । 'अनिश्चय एवं भ्रांति का स्रोत' कहकर वे मिथ्या तत्वमीमांसा की भर्त्सना करते हैं और पराऐंद्रिक संबंधी उन परिकल्पनात्मक ज्ञानमीमांसीय गवेषणाओं को अस्वीकार करते हैं जो समाधानहीन समस्याओं या अंतर्विरोधों में फँसकर रह जाती हैं । ह्यूम की धारणा थी कि ऐसी गवेषणाओं में धार्मिक पूर्वाग्रहों एवं अंधविश्वासों में उलझने की प्रवृत्ति होती है, अतः वे विज्ञान नहीं हो सकतीं । उनका विचार था कि परिकल्पनात्मक तत्वमीमांसा एक ऐसे क्षेत्र का ज्ञान प्रदान करने का प्रयास करती है, जो मानव की समझ से परे होता है ।

अतः उन्होंने 'मानव-प्रकृति की शक्तियों एवं क्षमताओं की सटीक गवेषणा' को अपना लक्ष्य बनाया ताकि "मन के विभिन्न क्रियाकलाप को समझा जा सके, उन्हें एक-दूसरे से भिन्न किया जा सके, उन्हें उचित शीर्षकों के अंतर्गत वर्गीकृत किया जा सके और उस समस्त अव्यवस्था को ठीक किया जा सके जो उनको चिंतन एवं गवेषणा का लक्ष्य बनाने से उत्पन्न होती है ।" उनकी पद्धति के कतिपय संकेत *ट्रीटाइज* एवं *इंक्वायरी* में पाए जाते हैं ।

इस प्रकार ह्यूम की पद्धति मूलतः मनोवैज्ञानिक थी । उनकी धारणा थी कि ज्ञान का कार्य सत्ता का बोध कराना नहीं है, बल्कि व्यावहारिक जीवन में पथप्रदर्शन करना है । यह सत्य है कि गणित जैसे विषयों में समाहित ज्ञान की प्रामाणिकता को वे अस्वीकार नहीं करते, किंतु तथ्यों से संबंधित उन अन्य सभी विषयों का अध्ययन, जिन्हें तार्किक रूप से प्रमाणित न किया जा सकता हो, अनुभव से ही व्युत्पन्न होना चाहिए । अतः उन्होंने एक ऐसा तर्कशास्त्र विकसित करने का प्रयास किया जिसे प्रभाववादी कहा जा सकता है । ऐसी तर्क-पद्धति के निष्कर्ष उनके इस बहुउद्धृत कथन में देखे जा सकते हैं :

उदाहरण के लिए, हम अपने हाथ में धर्मशास्त्र अथवा मध्यकालीन तत्वमीमांसा

> का कोई ग्रंथ लें और यह पूछें : क्या इसमें यथार्थ एवं अस्तित्व से संबंधित कोई प्रयोगात्मक विवेचना है ? नहीं । फिर तो इसे आग के हवाले कर दीजिए, क्योंकि इसमें वितंडा एवं दोष के अतिरिक्त कुछ और नहीं हो सकता ।[33]

इस संशयवादी, दार्शनिक ज्ञानमीमांसक प्रस्थापना एवं सैद्धांतिक निष्कर्षों तक पहुँचने के लिए ह्यूम ने बेकन और लॉक की 'साफ मन' वाली परंपरा को अपना प्रस्थान-बिंदु बनाया । उनकी मान्यता थी कि ''संवेदना एवं प्रतिबिंबन ऐसे दो झरोखे हैं जिनसे होकर ज्ञान बोध के अँधेरे कक्ष को भेदता है ।'' ह्यूम की दृष्टि में मात्र संस्कार एवं विचार ही मन के अंतर्तत्व हैं । साथ ही, उनकी यह भी मान्यता थी कि विचार संस्कारों की ही क्षीण प्रतिकृतियाँ हैं । इसी कारण जो विचार किसी संस्कार से व्युत्पन्न नहीं होता, वह निरर्थक होता है । किंतु फिर विचारों के संबंधों की व्याख्या किस प्रकार की जाए ? अनुभववादी विचारों के बीच किसी प्रकार का आंतरिक संबंध इस आधार पर नहीं मानते कि इनमें से कोई भी संबंध संवेद्य नहीं होता । फिर भी, ह्यूम विचारों के संबंधों के अस्तित्व को अस्वीकार नहीं करते । आत्मनिरीक्षण की मनोगत पद्धति का अनुसरण करते हुए वे अपनी निज की व्याख्या प्रस्तुत करते हैं । उनकी मान्यता है कि :

> मन के विभिन्न विचारों के बीच संबंध का एक सिद्धांत होता है और स्मृति या कल्पना के सामने प्रस्तुत होने पर वे एक-दूसरे को प्रस्तुत करते हैं और इस प्रक्रिया में कुछ अंश तक व्यवस्था एवं नियमितता होती है ।[34]

अतः ह्यूम साहचर्य के विभिन्न सिद्धांतों को सामने रखते हैं । वे कहते हैं : ''मेरी दृष्टि में विचारों के संबंध के केवल तीन सिद्धांत हैं : साम्य, समय अथवा स्थान का सामीप्य, एवं कार्य-कारण सिद्धांत ।'' इन सिद्धांतों को ह्यूम व्याख्यात्मक न मानकर वर्णनात्मक मात्र मानते हैं । उनका लक्ष्य पद्धति के कुछ ऐसे सरल नियमों की खोज करना था जो बोध को सहज बनाते । देकार्त की भाँति वे भी पारंपरिक न्यायिकी के विरुद्ध थे । किंतु देकार्त के विपरीत वे ऐसे प्रागानुभविक सिद्धांतों की खोज में नहीं थे, जिनका निश्चय करने के लिए रहस्यात्मक अंतःप्रेरणा की आवश्यकता होती है । उनका विश्वास था कि निगमनमूलक तर्क की पद्धति, जोकि गणित एवं औपचारिक तर्कशास्त्र की विशेषता है, उन प्राकृतिक विज्ञानों के लिए अधिक उपयोगी नहीं हो सकती जिनका संबंध विशिष्ट तथ्यपरक बातों के बोध एवं उनकी व्याख्या से होता है । अतः प्रागानुभविक अंतःप्रेरणा द्वारा प्राप्त तथाकथित आवश्यक ज्ञान को वे संदेह की दृष्टि से देखते थे । अनुभव से स्वतंत्र रूप से उत्पन्न होनेवाले आवश्यकता के

प्रागानुभविक ज्ञान को वे असंभव मानते थे। अतः वे वैज्ञानिक सिद्धांतों के निर्माण की केवल एक संभावना मानते थे कि इनका निर्माण अनुभवाश्रित अस्तित्वमूलक प्रस्थापनाओं से हो और इन प्रस्थापनाओं का आधार ऐसी संवेदनात्मक अथवा 'संस्कारवादी' तर्क-पद्धति हो जो प्रागानुभविक, मानकीय तर्कशास्त्र से भिन्न हो।

निस्संदेह इस नई तर्क-पद्धति में प्रायिकता का एक सिद्धांत निहित है। लेकिन ह्यूम का प्रायिकता का सिद्धांत मनोवैज्ञानिक प्रायिकता है जिसका आधार प्रभाववादी तर्कशास्त्र है, जो अनुभवाश्रित को ही महत्व प्रदान करता है। यह तर्कशास्त्र पद्धतिशास्त्र के कतिपय नियमों का निर्माण करता है, जिनकी सहायता से प्राकृतिक एवं सामाजिक *संवृत्तियों* को समझा जा सकता है। *यथार्थ* को वे 'संस्कारों' का प्रवाह मात्र मानते हैं जिनके कारण अज्ञात एवं अज्ञेय हैं। वस्तुनिष्ठ संसार के अस्तित्व या अनस्तित्व की समस्या को वे समाधान से परे मानते हैं। इस प्रकार यदि किसी सिद्धांत या परिकल्पना को अनुभूत संवृत्ति अथवा प्रेक्षित व्यवहार से उत्पन्न माना जाए तो ह्यूम के अनुसार, कोई भी वैज्ञानिक प्रस्थापना संभव अनुभव से स्वतंत्र किसी प्रामाणिकता का दावा नहीं कर सकती। स्पष्ट है कि किसी भी वैज्ञानिक प्रस्थापना का अनुभव से स्वतंत्र सत्यता का दावा आत्म-खंडन है। इसका तात्पर्य यह हुआ कि जिस वैज्ञानिक प्रस्थापना में प्रकृति के नियम समाहित हों, उसके संबंध में भी यह नहीं कहा जा सकता कि आती और जाती हुई संवृत्तियों में इसकी कोई वस्तुनिष्ठ अनिवार्यता है। ह्यूम की दृष्टि में कार्य-कारण संबंध कुछ अन्य नहीं, बल्कि हमारी प्रत्याशा को अभ्यास बनाने की एक मनोगत पद्धति मात्र है। दो संवृत्तियों के बीच अनुभूत कार्य-कारण संबंध इस बात की जमानत नहीं है कि भविष्य में भी निश्चित रूप से ऐसा ही संबंध होगा। कुछेक संवृत्तियों को अनेक बार एक-दूसरे के आगे-पीछे घटित होते देखकर एक विश्वास उत्पन्न हो जाता है, और जब इस विश्वास को किसी प्रस्थापना के रूप में अभिव्यक्त किया जाता है तब यह एक आशा मात्र को अभिव्यक्त करता है।

स्पष्टतः, इसका निहितार्थ निश्चित रूप से धर्ममीमांसा का ध्वंस है। किंतु इस तर्क का एक घातक पक्ष यह है कि इसमें सकारात्मक विज्ञान के ध्वंस की बात भी निहित है। ह्यूम के तर्क में निहित आंतरिक विरोधाभास और उस भ्रम को, जिस पर यह आधारित है, बैरोज़ डनहम ने बड़े सुंदर ढंग से अभिव्यक्त किया है। उनका कथन है :

''ह्यूम ने दर्शाया कि भविष्यवाणियाँ प्रायः इस अपेक्षा पर आधारित होती हैं कि भविष्य अतीत के समान ही होगा। यदि पूछा जाए कि भविष्य के अतीत-समान होने की अपेक्षा करने का क्या कारण है तो एकमात्र उत्तर यही प्रतीत होता है कि अतीत और भविष्य नियमित रूप से ऐसे ही रहे हैं। लेकिन यह तर्क तो निष्कर्ष को ही प्रमाण

के रूप में प्रयुक्त करता है और इसी आत्माश्रयी तर्क में इस अनुमान का अवसान हो जाता है।

"अतः यह अपेक्षा करने का कोई अनिवार्य आधार नहीं है कि घटनाएँ अपने आपको दुहराएँगी ही। कदाचित ऐसी अपेक्षा, जैसाकि ह्यूम ने कहा था, तर्क की नहीं, अभ्यास की बात है। फिर भी, वास्तविक तथ्य तो इससे कहीं अधिक सुदृढ़ प्रतीत होता है। यह कहना उचित होगा कि पूर्वकाल के अतीतों एवं भविष्यों के अनुभव से यह भी ज्ञात होता है कि उन भविष्यों की अनेक घटनाएँ पूर्व-ज्ञात बातों से नितांत भिन्न निकली थीं। आधुनिक युग में स्वयं आणविक ध्वंस का खतरा नवीनता का जीता-जागता उदाहरण है। यह एक ऐसी परिस्थिति का उदाहरण है जिसका पहले कभी अस्तित्व ही नहीं था और अधिकांश पूर्वयुगों में तो इसकी कल्पना भी नहीं की जा सकती थी।

"यदि सौ वर्ष पूर्व यह भविष्यवाणी गलत होती कि मानव कभी आणविक ऊर्जा को नियंत्रित नहीं कर पाएगा, तो आज यह भविष्यवाणी करना भी उतनी ही बड़ी गलती होगी कि मानव कभी अपने संघर्षों की भीषणता को नियंत्रित करना नहीं सीख पाएँगे। संभव है वे इसे सीख न पाएँ या सीखकर भी नियंत्रित नहीं कर पाएँ। किंतु इनमें से कुछ भी अटल रूप से निश्चित नहीं है। यद्यपि हमारे राजनीतिक वरण क्षुधा एवं सामाजिक संरचना से अत्यधिक प्रभावित होते हैं, फिर भी कुछ सीमा तक स्वतःस्फूर्त एवं स्वतंत्र रहते हैं। हम चाहें तो अपनी प्रजाति को बचा सकते हैं, बावजूद इसके कि सरकारें एक-दूसरे पर और संसार पर प्रहार करने के लिए अपनी जनता को कोड़ों की भाँति प्रयुक्त करती हैं।"[35]

ह्यूम भौतिक एवं आध्यात्मिक द्रव्यों के सार को मानव-अनुभव के क्षेत्र से बाहर की वस्तु मानते हैं, लेकिन इससे यह नहीं मान लेना चाहिए कि विज्ञान संभव ही नहीं है। प्रेक्षित तथ्यों अथवा मानव-अनुभव में असंदिग्ध रूप में 'प्रदत्त' तथ्यों में किसी भी विज्ञान की संभावना को खोजा जा सकता है। तथ्य वह होता है जो तत्काल एवं असंदिग्ध रूप से प्रदत्त होता है। किंतु यह इस अर्थ में तथ्य होता है कि यह एक अकेला, वैयक्तिक खोज का तथ्य होता है। इसमें किसी अनुमान की संभावना नहीं होती, और इसका निश्चय सीधे किया जा सकता है। मात्र संस्कार ही प्रदत्त होता है। निस्संदेह प्रभाव 'खंडित, पृथक-पृथक, क्षणिक एवं एकल' होते हैं, किंतु जब वे प्रदत्त होते हैं तो सदा के लिए प्रदत्त होते हैं। अतः वे सदैव प्रदत्त तथ्यों के रूप में अपरिवर्तनीय, स्थिर एवं एक-दूसरे से असंबद्ध रहते हैं—मानो ऐसे प्रदत्त तथ्यों का कोई इतिहास ही न हो। परिणामस्वरूप तथ्य से अभिप्राय केवल वे तथ्य हैं जो वर्तमान क्षण के अनुभव तक ही सीमित होते हैं। इन तथ्यों को मनोवैज्ञानिक परमाणु माना जा सकता है। लेकिन "ये अस्त-व्यस्त नहीं होते। वे मनोविज्ञान के विशिष्ट साहचर्यात्मक नियमों द्वारा विचारों के अणुओं के रूप में

संयोजित होते हैं।" यदि ह्यूम का कथन सत्य है तो वैज्ञानिक नियमों की निश्चय ही कोई वस्तुनिष्ठ प्रामाणिकता एवं ज्ञान संभव नहीं। ये एक अर्थ में अ-ज्ञान हो जाएँगे।

किसी ऐतिहासिक तथ्य के प्रति समालोचनात्मक दृष्टिकोण अपनाए बिना वर्णनात्मक दृष्टिकोण अपनाना विद्वत्ता की बलि देना है। ऐसा दृष्टिकोण प्रेक्षण एवं प्रयोग के प्रति अत्यधिक प्रतिबद्धता दर्शाता है, किंतु यह प्रयोग-कार्य को चिंतन एवं आसपास के संसार के बीच एक सचेत उद्देश्यपूर्ण कड़ी के रूप में देख पाने में असफल रहता है।

इस प्रकार ह्यूम की तर्क-पद्धति प्राकृतिक एवं सामाजिक जगत में मानव-लक्ष्य को प्राप्त करने की संभावनाओं की, आकांक्षाओं या निराशाओं की समुचित व्याख्या नहीं कर सकती। ज्ञान के परम निश्चय की खोज में ह्यूम ज्ञान के एक ऐसे आधार पर पहुँचते हैं जहाँ 'मस्तिष्कविहीन' संवेदनाएँ ही संशयरहित यथार्थ हैं। मन अपने शरीर एवं मस्तिष्क से भिन्न रहकर सोच नहीं सकता, और संवेदना से स्वतंत्र होते हुए भी मन द्वारा प्रतिबिंबित बाह्य पर्यावरण के प्रभाव बिना मस्तिष्क कार्य नहीं कर सकता—ये तथ्य ह्यूम एवं उनके आधुनिक नव-प्रत्यक्षवादी अनुयायियों की पकड़ से पूर्णतः बाहर रहते हैं।

यहाँ हम पुनः बैरोज़ डनहम को उद्धृत करने का लोभ संवरण नहीं कर पाते : "इस परंपरा में यह माना जाता है कि यदि आप संसार को जानना चाहते हैं तो आपको इसका सीधा अनुभव करना पड़ेगा कि संवेदनाएँ प्रामाणिक होती हैं (आप अन्य बातों पर संशय कर सकते हैं, किंतु इन पर नहीं), कि संसार विशिष्ट वस्तुओं (कदाचित संवेदनाओं) का समुच्चय होता है, कि वर्ग, व्यवस्थाएँ एवं संबंध सामान्यतः मन द्वारा अपनी सुविधा के लिए आविष्कृत किए जाते हैं। स्पष्ट है कि यदि ये सब सिद्धांत मिथ्या हों तो विज्ञान हो ही नहीं सकता। किंतु यह बात भी उतनी ही स्पष्ट प्रतीत होती है कि यदि ये सिद्धांत सत्य हों तो भी विज्ञान नहीं हो सकता ...। विज्ञान हमें वह 'देखने' की क्षमता देता है जिसे हम देख नहीं सकते : सुदूर स्थित नक्षत्रों की संरचना, चंद्रमा का दूसरा पक्ष, अणुविश्वों की संरचना। हमारी सीमित एवं अपूर्ण ज्ञानेंद्रियों द्वारा प्राप्त कच्चे आँकड़ों से विज्ञान संसार का एक संपूर्ण नहीं तो विश्वसनीय चित्र अवश्य बना लेता है। मात्र अनुभववाद ऐसे परिणामों की व्याख्या नहीं कर सकता...।"[36]

स्पष्ट है कि शुद्ध विगत एवं वर्तमान अनुभववाद की सबसे बड़ी समस्या है विज्ञान में सामान्यीकरण की व्याख्या करना एवं ऐतिहासिक रूप से विकासशील मानव-ज्ञान के रूप में इसका एकीकरण।

ज्ञान के सिद्धांतों के रूप में अलग-अलग लिए जाने पर अनुभववाद एवं बुद्धिवाद,

दोनों ही विज्ञान के लिए अपर्याप्त हैं। किंतु, यह सहज ही देखा जा सकता है कि ज्ञान के ऐसे सिद्धांत संज्ञान के किसी न किसी पक्ष पर ध्यान केंद्रित करते हैं। जहाँ बुद्धिवादियों का संबंध मुख्यतः तथाकथित बुद्धि के सुस्पष्ट विचारों एवं सत्य के तार्किक प्रदर्शन से रहा है, वहीं अनुभववादियों का संबंध "अनुभवाश्रित प्रमाण एवं अनुभव के उन आँकड़ों से रहा है जो उनके विचार से विज्ञान का सबकुछ होते हैं।" अनुभववाद चिंतन को संवेदनाओं की अस्तव्यस्त सामग्री को व्यवस्थित करने, क्रमबद्ध करने एवं उनका सार-संक्षेप प्रस्तुत करने का गौण कार्य ही सौंपता है। अनुभववाद की दृष्टि में संवेदनाओं और प्रत्यक्षों में न केवल ज्ञान का स्रोत होता है, बल्कि ज्ञान वस्तुतः कभी इसके परे भी नहीं जाता। विशेष रूप से, विचारवादी संवेदनवादियों (बर्कले, ह्यूम और बाद में अर्नस्ट माख) की मान्यता तो यह है कि संवेदन एवं प्रत्यक्ष ही वे परम तत्व हैं जिनसे संसार का निर्माण हुआ है। इस प्रकार ऐतिहासिक दृष्टि से अपने विकास में मनोगतवाद, सापेक्षवाद एवं अज्ञेयवाद के रूप में अनुभववाद का पतन होता गया। ज्ञान के अंतर्तत्वों—संवेदनाओं, प्रत्यक्षों एवं धारणाओं—को वस्तुनिष्ठ यथार्थ से अलग करके कुछ आधुनिक अनुभववादी विज्ञान की एक विचारवादी अज्ञेयवादी व्याख्या देते प्रतीत होते हैं जो वैज्ञानिक ज्ञान में वस्तुनिष्ठ सत्य को स्वीकार नहीं करती। उनकी मान्यता यह प्रतीत होती है कि विचार वस्तुओं को, उनके गुणों एवं सार को समुचित रूप से पुनरुत्पादित नहीं कर सकते। वैज्ञानिक धारणाएँ एवं नियम या तो पारंपरिक (अर्थात् वैज्ञानिकों के मतैक्य की वस्तु) होते हैं अथवा नैमित्तिक। सैद्धांतिक धारणाओं का परीक्षण करने एवं उन्हें प्रमाणित करने के पद्धतिशास्त्रीय सिद्धांतों पर आवश्यकता से अधिक बल देकर वे ज्ञान के अंतर्तत्वों की समस्या से बच निकलने का प्रयास करते हैं। ऐसा प्रतीत होता है कि वे ज्ञान के अंतर्तत्वों की समस्या को ज्ञान के परीक्षण एवं प्रमाण की समस्या से गड्डमड्ड करते हैं। किंतु प्रमाण ज्ञान का अंतर्तत्व नहीं होता, यह तो वस्तुनिष्ठ सत्य को स्थापित करने की प्रक्रिया है जिसमें मनोगत एवं वस्तुगत का द्वंद्व निहित रहता है। सत्य वस्तुनिष्ठ होता है क्योंकि यह उस वस्तुनिष्ठ यथार्थ का प्रतिबिंब होता है जो व्यक्ति अथवा संपूर्ण मानवजाति की चेतना से स्वतंत्र होता है। इसकी चेतना मनोगत होती है क्योंकि यह मानवीय कार्यकलाप का एक रूप है। इस द्वंद्वात्मक बोध के अभाव के कारण ही ज्ञान के पारंपरिक सिद्धांतों का पतन तत्वमीमांसा के रूप में हुआ।

> ज्ञान के सिद्धांत के क्षेत्र में, जैसाकि विज्ञान की किसी भी अन्य शाखा में, हमें द्वंद्वात्मक रूप से विचार करना चाहिए, अर्थात् हमें अपने ज्ञान को तैयारशुदा एवं अपरिवर्तनीय नहीं मानना चाहिए, बल्कि हमें यह निर्धारित करना चाहिए कि

> किस प्रकार 'अज्ञान से ज्ञान उत्पन्न होता है, किस प्रकार अपूर्ण और अनिश्चित ज्ञान अधिक पूर्ण एवं अधिक निश्चित होता है ।[37]

लेनिन का ठीक तात्पर्य समझ लेने पर हम तत्वमीमांसक चिंतन-पद्धति के दोष से तथा संसार और इसमें मानव की स्थिति के प्रति यांत्रिकतावादी दृष्टिकोण से बच सकते हैं। यह सीमा अठारहवीं सदी के फ्रांसीसी भौतिकवादी विचारकों की विशेषता रही है। उन्होंने लॉक के अनिवार्यतः ज्ञानमीमांसी सिद्धांतों को प्रकृति, मानव एवं नैतिकता के बारे में घोर भौतिकवाद में परिणत कर दिया । किंतु अपनी सीमा के बावजूद ये भौतिकवादी ईश्वर-भीरु बर्कले के अध्यात्मवाद एवं डेविड ह्यूम के संशयवाद, दोनों के ही विरोधी थे ।

# अनुभववाद एवं फ्रांसीसी क्रांति के दर्शनशास्त्री

लॉक के अनुभववाद से फ्रांसीसी भौतिकवादियों ने एक नितांत उलटा निष्कर्ष निकाला। यह निष्कर्ष था घोर भौतिकवाद जिसने नैतिक एवं धार्मिक जीवन के बारे में तत्कालीन प्रचलित धारणाओं की नींव को ही हिला दिया।

संवेदनवाद का उद्धार उसके विचारवादी पुछल्लों से करते हुए क्लॉद एड्रियन हेल्वेशियस (1715-1771) ने कहा कि संवेदनाओं द्वारा अंततः वस्तुनिष्ठ रूप से अस्तित्वमान पदार्थ का ही संज्ञान होता है। स्मृति को वे एक टिकाऊ किंतु क्षीण पड़ चुकी संवेदना समझते थे और इसे संज्ञान का एक अन्य साधन मानते थे। विचार को संवेदनाओं का योग बतलाकर हेल्वेशियस विचार और उसके प्रवर्गों को एक सरलीकृत ढंग से प्रस्तुत करते हैं।

हेल्वेशियस का जन्म 1715 में पेरिस में हुआ था। केवल तेईस वर्ष की अल्पायु में उन्हें फार्मर-जनरल के पद पर नियुक्त किया गया। वे गरीबों के प्रति अत्यंत सहानुभूति रखते थे और "अपने मातहतों को सताने के सख्त खिलाफ थे।" वे लॉक की रचनाओं से अत्यंत प्रभावित थे। अपने पद से त्यागपत्र देकर ग्रामीण परिवेश में रहते हुए उन्होंने अपनी प्रसिद्ध रचना *द ले एस्प्रि* (आत्मा के बारे में) लिखी। 1771 में उनकी मृत्यु हुई।

कोदिलॉक (1715-1780) के चिंतन पर लॉक के अनुभववाद का प्रभाव अधिक स्पष्ट रूप से दिखाई देता है। कोदिलॉक इस अनुभववाद के चरम निष्कर्षों को भौतिकवाद तक ले गए। उनका जन्म ग्रेनोबल में 1715 में हुआ था। आरंभ में वे लॉक के अनुयायी रहे, किंतु बाद में लॉक के चिंतन से परे जाकर उन्होंने अपना एक अलग ही दार्शनिक दृष्टिकोण विकसित किया। 1768 में फ्रेंच एकेडमी के सदस्य बने। 1780 में उनकी मृत्यु हुई।

यद्यपि उनका प्रस्थान-बिंदु यह अनुभववादी सिद्धांत ही था कि समस्त ज्ञान अनुभव से ही उत्पन्न होता है, फिर भी उन्होंने अनुभवाश्रित ज्ञान के दो स्रोतों—संवेदना एवं प्रतिबिंबन—के भेद को समाप्त किया जैसाकि लॉक ने किया था, और प्रतिबिंबन को

संवेदना में अपचयित करके दोनों को एक बनाने की माँग की । उन्होंने न केवल प्रतिबिंबन को संवेदना में अपचयित किया, बल्कि इच्छा एवं विचारों के संयोजनों को भी संवेदनाओं के ही रूप माना । वे मानव को "संपूर्ण पशु एवं अन्य पशुओं को अपूर्ण मानव" कहते थे । यह बात पर्याप्त विरोधाभासपूर्ण है कि उन्होंने न तो ईश्वर के अस्तित्व को नकारा और न ही आत्मा की भौतिकता को स्वीकारा । अतः संवेदनवाद के चरम निष्कर्षों को उनके परवर्ती विचारकों ने ही उठाया ।

उदाहरण के लिए, विश्वकोशवादी विशेष रूप से अध्यात्मवाद के सिद्धांतों एवं पूर्वमान्यताओं को संदिग्ध दृष्टि से देखते थे ।

"दिदेरो (1713-1784) द्वारा आरंभ किया गया एवं द अलुम्बर्त के साथ उनके द्वारा संपादित दार्शनिक विश्वकोश उस भावना का अनूठा प्रतीक है जो फ्रांस में क्रांति-पूर्व की पीढ़ी में व्याप्त थी । इसने बड़े वाक्चातुर्य द्वारा राज्य से कानून, नैतिकता से स्वतंत्र इच्छा, प्रवृत्ति से ईश्वर का अस्तित्व सिद्ध किया ।"[38]

लेनिन का कथन है : "बर्कले एवं दिदेरो, दोनों के ही प्रस्थान-बिंदु लॉक थे …। समस्त ज्ञान अनुभव से, संवेदना से, प्रत्यक्ष से आता है । यह सत्य है । किंतु प्रश्न यह उठता है कि क्या वस्तुनिष्ठ यथार्थ प्रत्यक्ष की वस्तु है, अर्थात् क्या यह प्रत्यक्ष का स्रोत है ? यदि आपका उत्तर 'हाँ' है तो आप भौतिकवादी हैं । यदि आपका उत्तर 'नहीं' है तो आप असंगत हैं और निश्चय ही मनोगतवाद पर पहुँचेंगे … । आपके अनुभववाद अथवा अनुभव के दर्शन की असंगति इस बात में है कि आप अनुभव के वस्तुनिष्ठ अंतर्तत्व को, अनुभव के माध्यम से मिलनेवाले ज्ञान के वस्तुनिष्ठ सत्य को नकारते हैं ।"[39]

अट्ठारहवीं सदी के फ्रांसीसी भौतिकवादी विचारकों के लेखन में न केवल संवेदना से उत्पन्न वस्तुगत ज्ञान की समस्या, बल्कि मानव-जीवन की समस्याएँ भी महत्वपूर्ण रूप में उभरकर सामने आईं । हेल्वेशियस के दर्शन पर टिप्पणी करते हुए मार्क्स और एंगेल्स ने कहा है :

> संवेदनात्मक गुण एवं आत्मप्रेम, आनंदोपभोग एवं उचित रूप में समझे गए निजी हित ही समस्त नैतिकता के आधार हैं । मानव-बुद्धि का नैसर्गिक गुण, बुद्धि की प्रगति एवं उद्योग की प्रगति की एकता मानव की नैसर्गिक अच्छाई एवं शिक्षा की सर्वशक्तिमत्ता उनकी प्रणाली की मुख्य बातें हैं ।[40]

हेल्वेशियस मानव-चरित्र के विकास में वातावरण की भूमिका एवं "सामंतवादी संबंधों के स्थान पर पूँजीवाद को स्थापित करने की आवश्यकता के निष्कर्ष" पर बल देते हैं और उनकी मान्यता है कि मनुष्य की चेतना एवं उसका अनुराग सामाजिक विकास

के प्रेरक होते हैं।

ला मेत्र एक फ्रांसीसी भौतिकवादी एवं डॉक्टर थे। *मानव-यंत्र* (1747) एवं *एपिक्यूरस की प्रणाली* (1750) उनकी प्रमुख रचनाएँ हैं। उन्हें पुरोहित एवं गैर-पुरोहित, दोनों ही तरह के अधिकारियों के हाथों अपमान एवं यंत्रणा का शिकार होना पड़ा। उनके लेखन में देकार्त की भौतिकी एवं लॉक के संवेदनवाद का समन्वय मिलता है। वे एक विस्तारयुक्त एवं संवेदनयुक्त और आंतरिक रूप से सक्रिय द्रव्य का अस्तित्व स्वीकार करते थे और विचार की सार्वभौमिकता को अस्वीकार करते थे। उनकी धारणा थी कि विचार पदार्थ की जटिल संरचना का ही परिणाम है। इन धारणाओं के कारण उन्हें मानव की चिंतन-क्षमता को संवेदना एवं स्मृति के आधार पर उत्पन्न होनेवाली धारणाओं की तुलना एवं संयोजन के रूप में स्वीकार करने के लिए बाध्य होना पड़ा। उनके अनुसार जैविक, वानस्पतिक एवं प्राणी-जगत पदार्थ के विभिन्न रूप हैं (वे मानव को अंतिम श्रेणी के अंतर्गत मानते हैं)।

द्वंद्वात्मक दृष्टिकोण विकसित न करने पर भी उनकी मान्यता थी कि विशिष्ट व्यक्तियों का बौद्धिक उत्थान एवं कार्य ही ऐतिहासिक विकास के मुख्य कारण होते हैं। आमूल-परिवर्तनवादी होते हुए भी वे पूर्णरूपेण नास्तिक नहीं थे, क्योंकि वे धर्म को जनसामान्य के लिए सुरक्षित रखने के पक्षधर थे।

फिर भी, उनकी मान्यता थी कि अपनी भावनाओं से निर्धारित होनेवाला मानव सुखी हो सकता है, क्योंकि इस निर्धारण में उसकी बुद्धि एक अनिवार्य घटक होती है। इसी कारण वे मानव को मात्र एक 'यंत्र' न मानकर एक ऐसा यंत्र मानते हैं "जो अपने संसाधन स्वयं जुटाता है, जो सतत गति की जीती-जागती मूर्ति है।"[41]

अतः कोई आश्चर्य नहीं कि वैज्ञानिक समाजवाद के संस्थापक अपने भौतिकवादी पूर्ववर्तियों के सकारात्मक योगदानों को अत्यंत महत्वपूर्ण मानते हैं। फ्रांसीसी भौतिकवाद के संबंध में मार्क्स की धारणा यहाँ कुछ विस्तार में उद्धृत है :

"अट्ठारहवीं सदी का फ्रांसीसी **बौद्धिक** जागरण और विशेष रूप से फ्रांसीसी भौतिकवाद, तत्कालीन राजनीतिक संस्थाओं एवं तत्कालीन धर्म एवं धर्मग्रंथों के विरुद्ध संघर्ष मात्र नहीं था; यह उसी परिमाण में सत्रहवीं सदी की *तत्वमीमांसा* के विरुद्ध एक खुला, स्पष्ट संघर्ष भी था, यह *समस्त* तत्वमीमांसा के विरुद्ध संघर्ष था ···।

"फ्रांसीसी भौतिकवाद की दो प्रवृत्तियाँ हैं : एक का स्रोत देकार्त में मिलता है तो दूसरी का लॉक में। इनमें से दूसरी मुख्यतः फ्रांसीसी विकास है और सीधे समाजवाद की ओर जाती है। पहलेवाला यांत्रिक भौतिकवाद प्राकृतिक विज्ञान बन जाता है ···।

"जिस प्रकार देकार्त का भौतिकवाद प्राकृतिक विज्ञान बन जाता है, ठीक उसी प्रकार फ्रांसीसी भौतिकवाद की दूसरी प्रवृत्ति सीधे *समाजवाद* और *साम्यवाद* की ओर

जाती है ।

"यह जानने के लिए किसी गहन अंतर्दृष्टि की आवश्यकता नहीं है कि किस प्रकार भौतिकवाद साम्यवाद और समाजवाद से अनिवार्यतः जुड़ा हुआ है । लोगों के मूल सद्‌गुणों एवं समान बौद्धिक क्षमता, अनुभव की सर्वशक्तिमत्ता, अभ्यास एवं शिक्षा, मानव पर वातावरण के प्रभाव, उद्योग की महान सार्थकता, अर्थवत्ता एवं आनंदोपभोग के औचित्य के संबंध में इस भौतिकवाद की शिक्षाओं से यह बात स्पष्ट है । यदि मानव अपने समस्त ज्ञान, संवेदना इत्यादि को इंद्रियगम्य संसार एवं इससे प्राप्त अनुभव से प्राप्त करता है, तो इसमें जो सचमुच मानवीय है और जिसका मानव को आभास होता है, वह इस बात की आवश्यकता है कि अनुभवगम्य जगत को इस प्रकार व्यवस्थित किया जाए कि मानव अपने-आपको मानव के रूप में अनुभव करे और इस बात का अभ्यस्त हो जाए । यदि सही ढंग से समझा गया हित समस्त नैतिकता का आधार है तो मानव के निजी हित का तादात्म्य मानवता के हित से होना ही चाहिए । यदि मानव भौतिकवादी अर्थ में अस्वतंत्र है, अर्थात् इस या उस बात से बच निकलने की नकारात्मक शक्ति द्वारा नहीं, बल्कि अपनी सच्ची वैयक्तिकता को स्थापित करने की सकारात्मक शक्ति द्वारा स्वतंत्र है, तो अपराध का दंड व्यक्ति को न दिया जाकर अपराध के समाज-विरोधी स्रोतों को नष्ट किया जाना चाहिए, और प्रत्येक व्यक्ति को अपने अस्तित्व की महत्वपूर्ण अभिव्यक्ति के लिए सामाजिक अवसर प्रदान किया जाना चाहिए । यदि मानव का निर्माण वातावरण से होता है तो उसके वातावरण को मानवीय बनाया जाना चाहिए । यदि मानव स्वभाव से ही सामाजिक है, तो उसका सच्चा स्वरूप समाज में ही विकसित होगा और उसकी प्रकृति की शक्ति को अकेले व्यक्ति की शक्ति से नहीं, बल्कि समाज की शक्ति से मापा जाना चाहिए । ये एवं ऐसी ही अन्य प्रस्थापनाएँ लगभग ज्यों की त्यों प्राचीनतम फ्रांसीसी भौतिकवादियों के यहाँ भी पाई जाती हैं ···।"[42]

# तथाकथित जर्मन जागरण

फ्रांसीसी भौतिकवाद घोर वस्तुनिष्ठता एवं निर्धारणवाद से ग्रस्त था और एक अर्थ में मानव को उसकी स्वाधीनता एवं नैतिक उत्तरदायित्व से वंचित करता था। इसके विपरीत जर्मनी में विचारवाद का प्रभुत्व बढ़ा। आर्थिक एवं राजनीतिक रूप से पिछड़े हुए जर्मनी की वस्तुगत परिस्थितियों में, मानवता के एक अमूर्त ज्ञानमीमांसक एवं नैतिक आदर्श की दृष्टि से, कर्त्ता की समस्या की गवेषणा का कार्य वहाँ के विचारकों एवं जनसामान्य, दोनों के ही ध्यान का केंद्र बना रहा। लाइब्नीत्ज और वुल्फ के दर्शन के प्रभाव में, लेकिन उससे कोई वैज्ञानिक संबंध रखे बगैर, अट्ठारहवीं सदी के उत्तरार्द्ध में जर्मनी में यदृच्छ प्रकृति का एक ऐसा लोकप्रिय दर्शन उभरा जिसके अनेक रूपों को एक सामान्य नाम *जर्मन जागरण* से जाना जाता है। इसे फ्रांसीसी जागरण का *जर्मन* प्रतिरूप भी कहा जाता है।

"जिस प्रकार दूसरा (फ्रांसीसी जागरण) अतिवादी भौतिकवाद अथवा मन से रहित वस्तुनिष्ठता से अपनी यथार्थवादी शृंखला को समाप्त करता है, उसी प्रकार पहला (जर्मन जागरण) विचारवादी शृंखला को समाप्त करके एक अतिवादी मनोगत प्रवृत्ति की ओर उन्मुख होता है जिसमें वस्तुनिष्ठता के लिए कोई स्थान नहीं है।"[43]

# कांट की ओर

निजी अनुभवाश्रित अहं को परम एवं अनन्य सत्ता माना जाता था। प्रत्येक वस्तु का मूल्य इस बात से निर्धारित होता था कि कर्त्ता से उसका कितना संबंध है और उसकी प्रगति एवं आंतरिक संतुष्टि में उस वस्तु का कितना योगदान है। उदाहरण के लिए, कांट ने मानवस्वभाव संबंधी भौतिकवादी धारणाओं को उनके समस्त परिणामों एवं निष्कर्षों सहित अस्वीकार किया। यद्यपि कांट मूलतः क्रिश्चियन वुल्फ के दर्शन से प्रभावित थे, लेकिन बाद में वे इसकी हठधर्मिता की आलोचना करने लगे और उन्होंने अपना एक अलग ही दार्शनिक दृष्टिकोण विकसित कर लिया। कांट का कथन था कि ह्यूम ने उन्हें इस हठधर्मिता की निद्रा से जगाया। यद्यपि वे लॉक के दार्शनिक अवदान से परिचित थे, तथापि वे इसे 'मानव-बोध का एक विशिष्ट शरीरक्रिया-विज्ञान' मानते थे।

अपने पूर्ववर्ती विचारकों की उपलब्धियों को ध्यान में रखते हुए कांट ने दर्शन के क्षेत्र में एक ऐसी क्रांति का बीड़ा उठाया, जिसकी तुलना वे खगोलशास्त्र में कोपरनिकस द्वारा की गई क्रांति से करते थे।

''अब तक यह माना जाता रहा है कि हमारे समस्त ज्ञान को वस्तुओं के अनुरूप होना चाहिए। किंतु इस मान्यता के कारण वस्तुओं संबंधी हमारे ज्ञान के बारे में कोई प्रागानुभविक बात स्थापित करके, धारणाओं द्वारा उसमें वृद्धि करने के सभी प्रयास असफल रहे हैं। अतः हमें यह प्रयत्न करके देखना चाहिए कि वस्तुओं को हमारे ज्ञान के अनुरूप मानने पर तत्वमीमांसा के क्षेत्र में हमें अधिक सफलता मिलती है या नहीं। यह जो कुछ वांछित है उसके अधिक अनुकूल होगा, अर्थात् यह कि वस्तुओं का प्रागानुभविक ज्ञान संभव होना चाहिए, कि उनके प्रदत्त होने के पूर्व ही उनके संबंध में कुछ निर्धारित करना संभव होना चाहिए। तब हम ठीक कोपरनिकस की आरंभिक परिकल्पना के मार्ग पर ही अग्रसर होंगे। जब कोपरनिकस इन पिंडों की गति की संतोषजनक व्याख्या इस परिकल्पना के आधार पर नहीं कर सके कि आकाशीय पिंड दर्शक के चारों ओर घूमते हैं, तो उन्होंने सोचा कि यदि वे आकाशीय पिंडों को स्थिर एवं दर्शक को उनके चारों ओर घूमता हुआ मानें तो क्या उन्हें

अधिक सफलता नहीं मिल सकती। ऐसा ही प्रयोग तत्वमीमांसा के क्षेत्र में भी वस्तुओं के अंतर्ज्ञान के संबंध में क़िया जा सकता है।"[44] कहा जा सकता है कि उपर्युक्त शब्दों में मनोगत विचारवाद का सिद्धांत स्पष्टतम ढंग से अभिव्यक्त हुआ है।

अतः कांट के दर्शन और उसके प्रमुख विभाजनों को समझने का सबसे अच्छा ढंग यह है कि हम उसी मार्ग का अनुसरण करें जो कांट ने स्वयं अपनाया था। आरंभ में यह कहना उचित होगा कि कांट के विभाजन एवं स्वरूप का सिद्धांत मनोवैज्ञानिक है जिसे प्रायः पुराना शक्ति का मनोविज्ञान कहा जाता है। मन की समस्त शक्तियों को तीन भागों में विभाजित किया जा सकता है—संज्ञान, संवेग एवं इच्छा-शक्ति। इन तीनों के सिद्धांत या नियामक नियम पहले में ही निहित हैं। अतः संज्ञान के सिद्धांत, इच्छा-शक्ति के सिद्धांत एवं संवेग के सिद्धांत क्रमशः सैद्धांतिक बुद्धि, व्यावहारिक बुद्धि एवं निर्णय की शक्ति कहलाते हैं। ये ही कांट के दर्शन (के आलोचनात्मक पक्ष) में 'शुद्ध सैद्धांतिक बुद्धि की मीमांसा', 'व्यावहारिक बुद्धि की मीमांसा' एवं 'निर्णय की मीमांसा' कहलाते हैं। यहाँ हम मुख्य रूप से कांट की ज्ञानमीमांसक उपलब्धियों पर ही विचार करेंगे एवं अन्य क्षेत्रों में उनके योगदान की छिटपुट चर्चा करेंगे।

# कांट : बुद्धि और आस्था

इमैनुएल कांट (1724-1804) का जन्म कोनिग्सबर्ग (प्रशा) में 22 अप्रैल, 1724 को हुआ था। विश्वविद्यालय में वे धर्मशास्त्र के विद्यार्थी थे, किंतु दर्शन, गणित एवं भौतिकी में उनकी गहन रुचि थी। वस्तुतः दर्शन के इतिहास की पारंपरिक पाठ्यपुस्तकों में कांट का विज्ञान के क्षेत्र में योगदान उनकी ज्ञानमीमांसा संबंधी उपलब्धियों की तुलना में गौण दर्शाया जाता है। फिर भी, विज्ञान के इतिहासकारों की दृष्टि में कांट कुछ अन्य नहीं तो इसी कारण महान हैं कि सौर प्रणाली की उत्पत्ति के संबंध में उन्होंने ही सर्वप्रथम नीहारिका की परिकल्पना प्रस्तुत की थी। इसके अतिरिक्त, गणित एवं प्राकृतिक विज्ञान दोनों में ही उन्हें गहन अंतर्दृष्टि प्राप्त थी जिससे स्वयं ज्ञानमीमांसा के प्रति उनके दृष्टिकोण की व्याख्या होती है। वस्तुतः यह कहना अतिशयोक्ति नहीं होगी कि शुद्ध कल्पना पर आधारित चिंतन की जो प्रवृत्ति अफलातून के दर्शन में विशेष रूप से दिखाई देती है, उसके प्रति कांट की अरुचि का कारण बहुत सीमा तक गणितीय एवं प्राकृतिक, दोनों ही विज्ञानों के प्रति उनकी मूलभूत प्रतिबद्धता थी। अफलातूनवाद के विरुद्ध कांट की सबसे बड़ी आपत्ति यह थी कि यह एक बहुत बड़ी वंचना या भ्रांति है, जिससे दर्शन को मुक्त किया जाना चाहिए।

कांट दर्शन के अध्यापक थे। वे तर्कशास्त्र, तत्वमीमांसा, भौतिकी एवं नीतिशास्त्र पढ़ाते थे। सन् 1770 में, छियालीस वर्ष की अवस्था में वे तर्कशास्त्र एवं तत्वमीमांसा के आचार्य नियुक्त हुए। *दि क्रिटीक ऑफ प्योर रीजन* उनकी एक महत्वपूर्ण रचना है जो 1781 में प्रकाशित हुई थी। तत्पश्चात् 1788 में *क्रिटीक ऑफ प्रैक्टिकल रीजन* प्रकाशित हुई। *क्रिटीक ऑफ जजमेंट* 1780 में प्रकाशित हुई। 12 फरवरी, 1804 को अस्सी वर्ष की अवस्था में कांट का निधन हुआ।

दर्शन के क्षेत्र में कांट के महान अवदान को समझ पाना अनेक कारणों से कठिन है। कांट को पढ़ते समय एक बड़ी समस्या जो सामान्य पाठक के सामने आती है, उसका कारण सटीक शब्दावली के प्रति कांट का प्रेम है। अतः सबसे पहले हम उन शब्दों की व्याख्या करने का प्रयास करेंगे जिन्हें प्रयुक्त करना कांट को प्रिय था। उदाहरण के लिए, *दि क्रिटीक*

*ऑफ प्योर रीजन* तीन मुख्य भागों में विभाजित है जिन्हें दि ट्रांसेंडेंटल एस्थेटिक, दि ट्रांसेंडेंटल लॉजिक एवं दि ट्रांसेंडेंटल डायलेक्टिक कहा जाता है। ट्रांसेंडेंटल अथवा इंद्रियातीत से उनका तात्पर्य उससे था जो सामान्यतः अनुभव कही जानेवाली बात की व्याख्या में पूर्वमान्य होता है। उनकी मान्यता थी कि वैज्ञानिक अर्थ में अनुभव, संवेदना एवं बोध का संश्लेषण है। (यह बात अनुभववादियों के विपरीत है जो इनमें से केवल पहले को मानते हैं एवं बुद्धिवादियों के विपरीत है जो इनमें से केवल दूसरे को मानते हैं।) अतः उन्होंने यह मूलभूत दार्शनिक प्रश्न प्रस्तुत किया—संश्लिष्ट इंद्रियातीत निर्णय किस प्रकार संभव है ? संश्लिष्ट से उनका तात्पर्य उससे था जो हमारे ज्ञान को विस्तृत करता है। उनकी दृष्टि में सार्वभौमिकता एवं आवश्यकता इंद्रियातीत की कसौटियाँ हैं। इनमें से पहली इंद्रियगत अनुभव और मात्र इंद्रियगत अनुभव के कारण संभव है, जबकि दूसरी का एकमात्र आधार बोध है। इस प्रकार सरल शब्दों में कहें तो जिस महत्वपूर्ण प्रश्न का उत्तर वे देना चाहते थे वह था : इंद्रियगत अनुभव एवं बोध के बीच किस प्रकार एक उपयोगी संश्लेषण संभव है—एकमात्र ऐसा संश्लेषण जो, कांट के अनुसार, वैज्ञानिक ज्ञान प्रदान कर सकता हो ? किंतु वास्तव में स्वयं कांट ने इस संश्लेषण को प्राप्त करने का क्या उपक्रम किया ? इस बात को समझने के लिए श्वेगलर द्वारा कांट के दर्शन की सुस्पष्ट व्याख्या से एक संक्षिप्त उद्धरण देना अत्यंत सहायक सिद्ध होगा। अतः यहाँ हम पूर्णतः उन्हीं का अनुसरण करेंगे।[45]

कांट की दृष्टि में *दि क्रिटीक ऑफ प्योर रीजन* शुद्ध बुद्धि के माध्यम से व्यवस्थित रूप से संयोजित हमारे समस्त स्वत्वों की (उस सबकी जिसे हम प्रागानुभविक रूप से जानते हैं) आधारभूत योजना है। किंतु ये स्वत्व हैं क्या ? प्रत्यक्ष की क्रिया को आविर्भूत करने में हमारा क्या योगदान है ? इन प्रश्नों के उत्तर पाने के लिए कांट समस्त संज्ञान के दो मुख्य कारकों पर विचार करते हैं : संवेदना एवं बोध। सर्वप्रथम, संवेदनात्मक प्रत्यक्ष शक्ति की प्रागानुभविक संपदा क्या है, और दूसरे, हमारे बोध की प्रागानुभविक संपदा (प्रत्यक्ष में प्रयुक्त होनेवाली) क्या है ? पहले प्रश्न पर *संवेदनालंब समीक्षा* (संवेदना के प्रागानुभविक सिद्धांतों के विज्ञान) के अंतर्गत विचार किया गया है; दूसरे प्रश्न पर *बोधालंब समीक्षा* के अंतर्गत विचार किया गया है जो कि *प्रागानुभविक तर्कशास्त्र* का प्रथम भाग है। महत्वपूर्ण बात यह है कि प्रत्यक्ष पर आधारित संज्ञान के इन दोनों कारकों को कांट ज्ञान की दो शाखाएँ मानते थे जो कदाचित एक ही किंतु अज्ञात मूल से उत्पन्न होती हैं। संवेदना संज्ञानात्मक शक्ति की ग्राहकता का गुण है। संवेदना के माध्यम से, केवल इसी के कारण हममें अंतःप्रज्ञा (अर्थात् संवेद्य प्रत्यक्षात्मक तत्व या केवल संवेदन-सामग्री) प्राप्त होती है और वस्तुएँ हमें प्रदत्त होती हैं; जबकि धारणाओं का निर्माण करनेवाले बोध के माध्यम से वस्तुओं का चिंतन (किंतु फिर भी प्रत्यक्ष के संदर्भ में ही) होता है। अंतःप्रज्ञाओं (संवेदन-सामग्री) के अभाव में धारणाएँ

खोखली होती हैं; धारणाओं के बिना ऐसी अंतःप्रज्ञाएँ अंधी होती हैं । अतः शुद्ध प्रत्यक्ष एवं धारणाएँ बौद्धिक क्रियाकलाप के दो परस्पर-पूरक तत्व हैं ।

किंतु तब प्रागानुभविक सिद्धांतों की (जो मन में पहले से ही विद्यमान होते हैं), हमारे संवेदनात्मक सिद्धांतों की, हमारी चिंतन-शक्ति के सिद्धांतों की संज्ञान के क्रियाकलाप में क्या भूमिका है ? इनमें से पहले प्रश्न का उत्तर *संवेदनालंब समीक्षा* में दिया गया है ।

संवेदना के प्रागानुभविक सिद्धांतों, हमारे संवेदनात्मक प्रत्यक्षों के अंतर्भूत रूपों को देश एवं काल कहा जाता है । देश बाह्य संवेदना का वह रूप है, जिसके माध्यम से वस्तुएँ हमारे बाहर अस्तित्वमान और एक-दूसरे से भिन्न एवं एक-दूसरे के साथ-साथ अस्तित्वमान के रूप में प्रदत्त होती हैं । यदि हम संवेदना के अंतर्गत आनेवाली समस्त वस्तुओं को निकाल लें तो केवल देश ही एक ऐसे सामान्य के रूप में बच रहेगा जिसमें बाह्य संवेदना के समस्त पदार्थ अपने-आपको विन्यस्त करते हैं । पुनः, यदि हम अपनी आंतरिक संवेदना के अंतर्गत आनेवाली समस्त बातों को निकाल लें तो केवल काल बचा रहेगा, जिसमें मानसिक गति व्याप्त होती है । देश और काल बाह्य एवं आंतरिक संवेदना के चरम रूप हैं । किंतु मन में इन रूपों की प्रागानुभविकता को कांट किस प्रकार सिद्ध करते हैं ?

कांट इसे पहले तो सीधे अपने तत्वमीमांसक प्रतिपादन में सिद्ध करते हैं । इसे वे इनकी धारणा की प्रकृति से ही सिद्ध करते हैं । दूसरे, अप्रत्यक्ष रूप से, अपने प्रागानुभविक प्रतिपादन में सिद्ध करते हैं । इसे वे यह दिखाकर सिद्ध करते हैं कि यदि ये धारणाएँ सचमुच प्रागानुभविक नहीं होतीं तो अनिवार्यतः सत्य माने जानेवाले कुछ विज्ञानों का अस्तित्व नितांत असंभव होता । तत्वमीमांसक प्रतिपादन का लक्ष्य क्या है ? इसका कार्य यह दर्शाता है : (अ) देश और काल प्रागानुभविक रूप में प्रदत्त होते हैं, (ब) फिर भी, ये दोनों संवेदना के क्षेत्र में आते हैं, बोध के क्षेत्र में नहीं (तर्कशास्त्र के क्षेत्र में नहीं), अर्थात् वे प्रत्यक्ष होते हैं न कि (धारणाएँ) । (अ) देश और काल प्रागानुभविक होते हैं, यह इसी बात से स्पष्ट है कि प्रत्येक अनुभव, केवल प्राप्त होने के लिए ही सही, देश एवं काल को पहले से अस्तित्वमान मानकर चलता है : मैं अपने से बाह्य किसी वस्तु का प्रत्यक्ष करता हूँ, किंतु इस *मेरे से बाहर* होने के भाव में देश पूर्वमान्य है । पुनः, मुझे संवेदनाएँ एक साथ मिलती हैं या एक के बाद एक ? स्पष्ट है कि इन संबंधों में काल का अस्तित्व पूर्वमान्य है, (ब) तथापि, देश एवं काल केवल इसी कारण धारणा नहीं हो जाते, बल्कि संवेदनात्मक प्रत्यक्ष के रूप ही रहते हैं । चूँकि सामान्य धारणाओं के विशिष्ट उनके भीतर ही निहित रहते हैं, उनमें अंश रूप में स्थित नहीं होते; जबकि समस्त विशिष्ट देश एवं समस्त विशिष्ट काल सामान्यतः देश एवं काल में ही निहित रहते हैं ।

*प्रागानुभविक प्रतिपादन* में कांट अपने अप्रत्यक्ष प्रमाण को यह दर्शाकर सिद्ध करते हैं कि देश एवं काल की प्रागानुभविकता को स्वीकार किए बिना कुछ सामान्यतः स्वीकृत विज्ञानों की कल्पना नहीं की जा सकती। शुद्ध गणित तभी संभव है जब देश एवं काल को अनुभवाश्रित प्रत्यक्ष न मानकर शुद्ध प्रत्यक्ष माना जाए। अतएव कांट ने *संवेदनालंब समीक्षा* की समस्त समस्या को एक ही प्रश्न में समेट लिया। शुद्ध गणितीय विज्ञान किस प्रकार संभव होते हैं ? कांट का कहना है कि देश और काल ही वे तत्व हैं जिनमें शुद्ध गणित का विचरण होता है। किंतु गणित यह मानकर चलता है कि इसकी प्रस्थापनाएँ अनिवार्य एवं सामान्य होती हैं। लेकिन आवश्यक एवं सामान्य प्रस्थापनाएँ अनुभव से कदापि उत्पन्न नहीं हो सकतीं, उनका कोई प्रागानुभविक आधार होना आवश्यक है। परिणामस्वरूप देश एवं काल को भी, जिनसे गणित अपने सिद्धांत ग्रहण करता है, पश्चानुभविक नहीं, बल्कि प्रागानुभविक माना जाना चाहिए; इन्हें विशिष्ट नहीं, बल्कि सामान्य अर्थ में शुद्ध (अनानुभविक) अंतःप्रज्ञाओं अथवा प्रत्यक्ष के रूप में देखा जाना चाहिए। अतः कांट की मान्यता है कि एक प्रागानुभविक ज्ञान, प्रागनुभव पर आधारित एक विज्ञान होता है और जो भी इस बात को अस्वीकार करता है उसे गणित के आधारों को भी अस्वीकार करना चाहिए। यदि ऐसी बात है तो क्या यह माना जा सकता है कि प्रागानुभविक 'धारणाएँ' भी होती हैं ? (यह एक ऐसी संभावना है, जो तत्वमीमांसा के शुद्ध विज्ञान का परिणाम है, जिसमें प्रागानुभविक प्रत्यक्षों के साथ ही प्रागानुभविक धारणाएँ भी होती हों)। इस प्रश्न का उत्तर नकारात्मक है जिसका संबंध संवेदनालंब समीक्षा के सकारात्मक परिणाम से है : प्रत्यक्ष अथवा सीधा अमध्यस्थ संज्ञान केवल संवेदना से ही मिलना संभव है जिसके सार्वभौमिक रूप देश और काल हैं। किंतु चूँकि देश एवं काल के ये प्रत्यक्ष या अंतःप्रज्ञाएँ (बाह्य रूप से) वस्तुनिष्ठ संबंध नहीं होतीं, अपितु मनोगत रूप मात्र होती हैं, अतः हमारे सभी प्रत्यक्षों में किसी मनोगत तत्व का होना स्वीकार किया जाना चाहिए। हम वस्तुओं का प्रत्यक्ष उसी रूप में नहीं करते जिस रूप में वे होती हैं, बल्कि उस रूप में करते हैं जिस रूप में वे देश एवं काल के माध्यम से हमें दिखाई देती हैं। इस संबंध में यह कहना आवश्यक है कि मानव केवल संवेदना की ग्राहकता से ही संतुष्ट नहीं होता : वह वस्तुओं के संबंध में सूचना पाकर ही नहीं रहता, बल्कि उन्हें अपने बोधगम्य रूपों में स्वीकार करते हुए, अपनी धारणाओं के माध्यम से उनके चिंतन का प्रयास करते हुए उन पर अपनी आत्मनिष्ठा प्रयुक्त करता है। ये प्रागानुभविक धारणाओं अथवा विचार के रूप आरंभ से ही संवेदन-शक्ति में देश एवं काल के रूपों की भाँति प्रस्तुत रहते हैं। इनकी गवेषणा करना *बोधालंब समीक्षा* का लक्ष्य है (जो *प्रागानुभविक तर्कशास्त्र* का प्रथम भाग है)। बोधगम्य धारणाओं की खोज करना *बोधालंब समीक्षा* का प्रथम कार्य है। इस संबंध

में अरस्तू के अवदान से कांट परिचित थे। अरस्तू पहले ही प्रवर्गों की एक सारणी बनाने का प्रयास कर चुके थे। किंतु यह सारणी किसी सामान्य सिद्धांत पर आधारित न होकर अनुभवाश्रित थी; जैसे-जैसे ये प्रवर्ग अनुभव में आते गए, अरस्तू उन्हें अपनी सूची में सम्मिलित करते गए। इसके अतिरिक्त, कांट के विपरीत, अरस्तू देश एवं काल को प्रवर्गों में सम्मिलित करते हैं, यद्यपि ये प्रवर्ग बोधगम्य न होकर संवेदनात्मक रूप हैं। समस्त शुद्ध धारणाओं, विचार के समस्त प्रागानुभविक रूपों, जिनसे शुद्ध विचार का निगमन किया जाना है, की एक संपूर्ण एवं व्यवस्थित सारणी बनाने के पीछे कांट का उद्देश्य एक सिद्धांत की खोज करना था। कांट की दृष्टि में यह सिद्धांत तार्किक निर्णय था और उन्होंने निर्णय के सभी प्रकारों की जाँच करने का कार्य आरंभ किया। जाँच का यह कार्य कांट प्रागानुभविक औपचारिक तर्कशास्त्र के माध्यम से करते हैं। तर्कशास्त्र में निर्णय के चार प्रकार हैं :

| **मात्रा का निर्णय** | **गुण का निर्णय** | **संबंध का निर्णय** | **निश्चय-मात्रा का निर्णय** |
|---|---|---|---|
| सामान्य | सकारात्मक | निरपेक्ष | समस्याजनक |
| विशिष्ट | नकारात्मक | परिकाल्पनिक | स्वीकारात्मक |
| एकक | असीम अथवा ससीम | वियोजक | अकाट्य |

इन निर्णयों से इतनी ही संख्या में आदिम शुद्ध धारणाएँ, अर्थात् प्रवर्ग उत्पन्न होते हैं। ये हैं :

| **मात्रा के प्रवर्ग** | **गुण के प्रवर्ग** | **संबंध के प्रवर्ग** | **निश्चय-मात्रा के प्रवर्ग** |
|---|---|---|---|
| समग्रता | यथार्थ | द्रव्य एवं आकस्मिकता | संभाव्यता एवं असंभाव्यता |
| बहुलता | निषेध | हैतुकता एवं निर्भरता | अस्तित्व एवं अनस्तित्व |
| एकता | सीमा | सामुदायिकता (पारस्परिकता) | आवश्यकता एवं आकस्मिकता |

इन्हीं बारह प्रवर्गों एवं इनके संयोजनों से अन्य समस्त शुद्ध धारणाओं अथवा प्रागानुभविक सिद्धांतों का निगमन होता है। एक बार इन प्रवर्गों को बुद्धि की प्रागानुभविक संपदा मान लेने पर उन्हें आवश्यक, अर्थात् आवश्यक एवं सामान्य प्रामाणिकता के गुण से संपन्न, स्वीकार करना पड़ता है। फिर भी, ये प्रवर्ग रिक्त रूप मात्र होते हैं और इनमें पूर्णता प्रत्यक्षों से ही आती है। हमारे अनुभव के लक्षणों को, जो आवश्यक हैं और जिन्हें प्रागानुभविक रूप से जाना जा सकता है, कांट बोध की संज्ञानात्मक शक्ति के अंतर्गत रखते हैं और ये बोध के संश्लेषण से उत्पन्न कहे जाते हैं। कांट के अनुसार वस्तुनिष्ठता,

हैतुकता, दैशिकता, कालिकता जैसे लक्षण हमारे भीतर होते हैं; वे हमसे बाहर के जगत से होनेवाले हमारे अनुभव में योगदान करते हैं। अतः अनुभव की सीमा से परे उनका कोई उपयोग नहीं होता। जहाँ तक हमारा प्रत्यक्ष केवल संवेदनात्मक रहता है वहाँ तक प्रवर्गों की प्रामाणिकता केवल संवेदनात्मक प्रत्यक्ष में उनके उपयोग में ही होती है और संवेदनात्मक प्रत्यक्ष शुद्ध धारणाओं में प्रविष्ट होकर और वस्तुनिष्ठ रूप से संश्लिष्ट होकर ही सही अर्थों में अनुभव के धरातल पर आता है। किंतु इस संबंध में अनेक प्रश्न उठाए जा सकते हैं। यह कैसे होता है ? किस प्रकार वस्तुएँ (जो पहले विशिष्ट संवेदनाओं की धुँधली-सी छायाएँ, एवं सामान्य संवेदना के प्रत्यक्षात्मक रूप होती हैं) रिक्त बोधगम्य रूपों में समाहित हो जाती हैं और इस प्रकार पहली बार सही अर्थों में वस्तुएँ बनती हैं ? इसके अतिरिक्त, यदि यह माना जाए कि कांट ज्ञान के दो स्रोत—संवेदना एवं बोध—मानते हैं, जोकि एक-दूसरे से भिन्न हैं तो हम संवेद्य वस्तुओं को बोधगम्य रूपों के अंतर्गत कैसे स्वीकार कर लें ? या, अधिक स्पष्ट रूप से पूछें तो प्रवर्गों को किस प्रकार वस्तुओं पर प्रयुक्त किया जा सकता है ? कांट इन प्रश्नों के क्या उत्तर देते हैं, यह जानने के लिए हम पुनः श्वेग्लर का अनुकरण करते हैं।

वस्तुओं पर प्रवर्गों की प्रयुक्ति सीधे नहीं हो सकती; इसमें किसी तीसरी वस्तु के हस्तक्षेप की आवश्यकता होती है जो अपने-आप में मानो दोनों स्वरूपों का समन्वय करता हो—एक ओर तो शुद्ध या प्रागानुभविक एव दूसरी ओर संवेदनात्मक का समन्वय। किंतु संवेदनालंब समीक्षा में दर्शाए गए दो शुद्ध प्रत्यक्ष हैं काल और देश (विशेष रूप से पहला)। काल का एक लक्षण, जैसेकि सहकालिकता, एक ओर प्रागानुभविक दृष्टि से प्रवर्गों से एकरूप होता है जबकि दूसरी ओर यह वस्तुओं से भी एकरूप होता है, क्योंकि सभी प्रवर्गों का प्रत्यक्ष केवल काल में ही हो सकता है। इस संदर्भ में कांट समय के गुण को इंद्रियातीत आकृतिकल्प कहते हैं, और मन द्वारा इसे प्रयुक्त करने को शुद्ध बुद्धि की इंद्रियातीत समाकृति प्रक्रिया कहते हैं। आकृतिकल्प (स्कीमा) कल्पना की उपज होता है जो स्वतःस्फूर्त रूप से आंतरिक संवेदना को निर्धारित करती है, किंतु आकृतिकल्प को बिंब मात्र समझने की भूल नहीं करनी चाहिए। बिंब सदैव व्यक्तिगत प्रत्यक्ष होता है; किंतु इसके विपरीत कल्पना एक सामान्य रूप होती है जिसे वह किसी प्रवर्ग के चित्र-रूप में प्रस्तुत करती है, जिसके माध्यम से यह पदार्थ संवेदना में होनेवाले आभास पर प्रयुक्त होने में स्वयं ही सक्षम हो जाता है। इस कारण आकृतिकल्प का अस्तित्व केवल चित्र में ही हो सकता है और कभी संवेदनात्मक रूप में इसका प्रत्यक्ष नहीं किया जा सकता। बोध की इस समाकृति प्रक्रिया को अधिक समीप से देखते हुए हम प्रत्येक प्रवर्ग के इंद्रियातीत काल-गुण की बात कर सकते हैं। ये इस प्रकार हैं :

(1) काल का वह संबंध जो मात्रा के आकृतिकल्प का निर्माण करता है, काल

अथवा संख्या की शृंखला होता है; यह एक ऐसी धारणा है जिसमें समान इकाइयाँ एक के बाद एक समान इकाइयों में जुड़ती जाती हैं। आकार की शुद्ध धारणा को कल्पना में इसे इकाइयों के अनुक्रमण के रूप में देखकर ही समझा जा सकता है। यदि हम गति को आरंभ में ही रोक लें तो एकता प्राप्त होती है और यदि हम इसे चलने दें, तो बहुलता प्राप्त होती है; यदि हम इसे असीम रूप से चलते रहने दें तो समग्रता प्राप्त होती है। अतः केवल एक एकरस अनुक्रम के आकृतिकल्प के माध्यम से ही आकार की धारणा संवेदना के आभासों पर प्रयुक्त हो सकती है।

(2) *काल के अंतर्तत्व* गुण के आकृतिकल्प का निर्माण करते हैं। यदि हम यथार्थ की शुद्ध धारणा को (तर्कात्मक गुण के कारण) किसी भी संवेद्य वस्तु पर प्रयुक्त करें तो हम अपने मन में एक पूर्ण काल की, काल की निहित वस्तु की संकल्पना करेंगे। यथार्थ ही काल को भरता है। इसी प्रकार, निषेध की शुद्ध धारणा को समझने के लिए हम एक रिक्त काल की कल्पना करते हैं।

(3) *संबंध* के प्रवर्ग की योजना काल के क्रम में ही मिलती है। अगर हम किसी निर्धारित संबंध की कल्पना करना चाहें तो हमें सदैव काल में वस्तुओं के एक निर्धारित क्रम की कल्पना करनी पड़ती है। इस प्रकार द्रव्यत्व काल में यथार्थ के स्थायित्व के रूप में, हैतुकता काल में नियमित क्रम के रूप में, पारस्परिकता एक द्रव्य की अवस्थाओं के साथ अन्य द्रव्य की अवस्थाओं के अस्तित्व के रूप में प्रतीत होती है।

(4) निश्चय-मात्रा के पदार्थों की योजना संपूर्ण काल के संबंध से बनती है, अर्थात् इससे कि कोई वस्तु किस प्रकार काल से संबंधित होती है। काल की उपाधियों से सहमति ही संभाव्यता का आकृतिकल्प है और अनिवार्यता का आकृतिकल्प प्रत्येक काल में अस्तित्व है।

उपर्युक्त विवेचना के बाद अब हम उन सभी उपकरणों से लैस हैं जो *संवेदनात्मक* आभासों (संवृत्तियों) को बोधगम्य धारणाओं में अंतर्मूर्त करने के लिए आवश्यक हैं। इन धारणाओं के परिणामस्वरूप सुसंगत संज्ञानात्मक प्रत्यक्ष उत्पन्न होता है। यह दर्शाता है : (अ) प्रवर्गों के विभिन्न वर्ग, प्रागानुभविक धारणाएँ प्रत्यक्ष के संपूर्ण क्षेत्र में कार्यशील रहती हैं जो किसी संपूर्ण अनुभव में प्रत्यक्षों के संश्लेषण को सुनिश्चित करती हैं, और (ब) बिना आकृतिकल्पों के, जिनके माध्यम से हम उन्हें संवेद्य वस्तुओं पर प्रयुक्त करते हैं, संज्ञान में एकत्व लाने की कोई संभावना नहीं होती। कहने का तात्पर्य यह है कि प्रत्येक प्रवर्ग के साथ संज्ञान के ऐसे सिद्धांत, प्रागानुभविक नियम, दृष्टिकोण जुड़े होते हैं जिनके अधीन संवेद्य वस्तुओं को लाया जाना चाहिए ताकि वे पूर्ण होकर एक

सुसंबद्ध अनुभव बन सकें। ये सिद्धांत, अनुभव का नियमन करनेवाले सर्वाधिक सामान्य संश्लिष्ट निर्णय, चार प्रकार के प्रवर्गों से निम्न प्रकार से संबंधित हैं :

(1) समस्त सवेद्य वस्तुएँ (केवल देश एवं काल में बोधित के रूप में) किसी निश्चित देश या किसी निश्चित काल की निश्चित धारणा द्वारा प्रस्तुत अपने रूपों, आकारों, मात्राओं, बहुगुणकों में, और परिणामतः विस्तृत आकारों अथवा समग्रताओं में क्रमशः जुड़नेवाले अंशों में निहित रहती हैं। समस्त प्रत्यक्ष इस बात पर निर्भर होता है कि हमारी कल्पना संवेद्य वस्तुओं को देश एवं काल में विस्तारित आकारों के रूप में ग्रहण करती है। इस कारण से भी समस्त प्रत्यक्ष विस्तारित मात्रा के प्रागानुभविक नियमों के अधीन, ज्यामितीय रचनाओं के नियमों के अधीन, अथवा असीम विभाज्यता के नियम इत्यादि के अधीन होंगे। ये सिद्धांत अंतर्ज्ञानों के सूत्र अथवा सामान्य प्रत्यक्ष होते हैं।

(2) पुनः, यथार्थ के संदर्भ में, संवेदन की समस्त वस्तुएँ गहन आकार की होती हैं, क्योंकि प्रभाव अथवा संवेदन की किसी कम या अधिक कोटि के बिना, किसी भी निश्चित वस्तु, किसी भी यथार्थ का प्रत्यक्ष किया ही नहीं जा सकता। इस प्रकार प्रत्यक्ष की समस्त वस्तुएँ गहन होने के साथ ही विस्तारित आकारवाली होती हैं और समान रूप से दोनों के ही सामान्य नियमों के अधीन होती हैं। इसके अनुरूप, वस्तुओं की समस्त शक्ति एवं गुणों में कोटि की अनंत विविधता होती है, जो घट या बढ़ सकती है। प्रत्येक यथार्थ वस्तु की कोई न कोई कोटि अवश्य होती है, भले ही वह कितनी ही छोटी क्यों न हो। गहन आकार विस्तारित आकार इत्यादि पर आश्रित हो सकता है। ये सिद्धांत *संवेदना के पूर्वानुमान* होते हैं—ऐसे नियम जो समस्त संवेदनाओं के पूर्वगामी होते हैं और इसकी सामान्य रचना को निश्चित करते हैं।

(3) प्रत्यक्ष की संभावना को केवल प्रत्यक्षों के अनिवार्य संबंधों के माध्यम से ही समझा जा सकता है। काल में उनके पारस्परिक संबंध के बिना हमें प्रत्यक्षों की किसी निश्चित प्रणाली का कोई ज्ञान नहीं हो सकता; केवल आकस्मिक अलग-अलग प्रत्यक्षों को ही जाना जा सकता है : (अ) इस संबंध में पहला सिद्धांत द्रव्य का बताया जाता है, जो संवृत्ति में होनेवाले समस्त परिवर्तनों के बीच वैसा ही बना रहता है। यदि किसी वस्तु की दशाओं में हम किसी एक विशेष दशा को पूर्वगामी या पश्चगामी मान लें, तो हम उस वस्तु को उसकी दशाओं के ही विरुद्ध खड़ा करेंगे और उसको एक निरंतर आत्म-एकरूप द्रव्य के रूप में ग्रहण कर रहे होंगे। (ब) इस संदर्भ में दूसरा सिद्धांत यह है कि परिवर्तन कार्य-कारण संबंध के नियम के अधीन होते हैं। जब हम किसी एक

को किसी अन्य का कारण मानते हैं, और उस अन्य को पहलेवाले का परिणाम मानते हैं जो नियम के अनुसार अनिवार्यतः पूर्वगामी होता है और काल में एक नियत अनुक्रम होता है, तो यह केवल हैतुकता के संबंध के माध्यम से ही संभव है। इस बात को सिद्ध करने के लिए ह्यूम की धारणा का खंडन आवश्यक था जो हैतुकता के सिद्धांत को भी ऐसी आदत मानते थे, जो बार-बार दोहराए जानेवाले प्रेक्षण के कारण बनती है। इस प्रकार कांट द्वारा ह्यूम की धारणा का खंडन उनके अपने सिद्धांत का एक महत्वपूर्ण आधार है। जिस तर्क द्वारा वे ह्यूम का खंडन करते हैं वह यह दर्शाना है कि 'अनुक्रमिक प्रभाव' एवं 'अनुक्रम के प्रभाव' के बीच अंतर है। 'अनुक्रम के प्रभाव' में अनुक्रमणीयता का तत्व होता है जो दर्शाता है कि यह व्यक्तिगत अभ्यास की बात नहीं है। यदि इसे केवल निजी अभ्यास पर ही छोड़ दिया जाता तो यह अनुक्रमिक प्रभाव होकर रह जाता—उदाहरण के लिए, परिणाम का अनुभव पहले एवं कारण का अनुभव बाद में करने का प्रभाव। किंतु यह नितांत असंभव है। कहने का तात्पर्य यह है कि हैतुक संबंध में एक प्रकार की वस्तुनिष्ठ बाध्यता होती है जो दर्शाता है कि इसमें अनिवार्यता का भाव होता है, और इस कारण यह निजी अभ्यास की बात नहीं हो सकता। परिणामस्वरूप हैतुक संबंध समस्त अनुभवाश्रित ज्ञान का सिद्धांत होता है। (स) एक तीसरे सिद्धांत में यह निहित है कि समस्त सहवर्ती द्रव्यों में *पूर्ण पारस्परिकता* होती है; जो बात केवल समुदाय में क्रियाशील होती है वही अविभाज्य रूप से सहकालिक निर्धारित होती है। इन सिद्धांतों को अनुभव के साम्यानुमान, वस्तुओं के संबंधों के संज्ञान के नियम माना जाता है, जिनके अभाव में खंड अथवा आंशिक इकाइयाँ ही संभव हैं, कोई समग्रता अथवा वस्तुओं की प्रकृति नहीं हो सकती।

प्रागानुभविक चिंतन की प्रस्थापनाएँ निश्चय-मात्र के प्रवर्गों के अनुरूप होती हैं। इनका उल्लेख निम्न प्रकार से किया जा सकता है :

(अ) जो कुछ अनुभव की रूप-संबंधी दशाओं के अनुरूप होता है, उसके अस्तित्व की संभावना होती है।

(ब) जो कुछ अनुभव की भौतिक दशाओं के अनुरूप होता है, वह यथार्थ होता है या उसका अस्तित्व होता है।

(स) जो अनुभव की सामान्य दशाओं द्वारा यथार्थ अस्तित्व से जुड़ा होता है, वह *अनिवार्य* होता है अर्थात् उसका अस्तित्व होना ही चाहिए।

ये ही एकमात्र संभव सर्वप्रामाणिक प्रागानुभविक निर्णय या विज्ञान की प्रथम पूर्वदशाएँ

हैं। यहाँ यह ध्यान रखना आवश्यक है कि इन सब सिद्धांतों एवं धारणाओं को किसी वस्तु-निजरूप पर प्रयुक्त नहीं किया जा सकता, बल्कि केवल उन्हीं वस्तुओं पर किया जा सकता है जो संभावित अनुभव की वस्तुएँ होती हैं।

सामान्य और सार रूप में कहा जा सकता है कि जहाँ *संवेदनालंब समीक्षा* में कांट यह दर्शाने का प्रयास करते हैं कि किस प्रकार देश एवं काल अनुभव की संभाव्यता की दशाएँ होते हैं, वहीं *बोधालंब समीक्षा* में वे अनुभव की अनिवार्य दशाओं को सिद्ध करने का प्रयास करते हैं। कांट का दावा है कि प्रवर्ग मन में किसी प्रकार अंतर्भूत होते हैं और इस कारण हम उन्हें बाह्य भौतिक संसार से ग्रहण नहीं करते, बल्कि अपने मन से ही उन्हें बाह्य संसार में प्रक्षेपित करते हैं। इस प्रकार हमें दिखाई देनेवाला संसार 'निजरूप' संसार से एक नितांत भिन्न संवृत्ति होता है। अतः कांट की मान्यता है कि 'अनुभव के क्षेत्र से बाहर' प्रवर्गों को प्रयुक्त नहीं किया जा सकता, अनुभव का यह ऐसा क्षेत्र है जो वस्तुनिष्ठ संसार से वियोजित अर्थात् 'परमार्थ सत्' का क्षेत्र होता है। अतः कांट की धारणा है कि विज्ञान हमें वस्तुओं के सारतत्व का ज्ञान नहीं दे सकता। किंतु क्या मानव-बोध ऐसे सिद्धांत के प्रतिपादन से संतुष्ट हो सकता है जो सिद्धांत रूप में संसार को जानने, सच्चे रूप में इसके सारतत्व को समझने एवं ऐसे ज्ञान के आधार पर इसको बदलने की मानव की क्षमता को अस्वीकार करता हो? कांट के अनुसार इन प्रश्नों का सकारात्मक उत्तर देने का तात्पर्य है पुरानी तत्वमीमांसा की प्रस्थापनाओं को स्वीकार करने का भ्रम उत्पन्न करना। *प्रागानुभविक तर्कशास्त्र* या *प्रागानुभविक द्वंद्ववाद* के दूसरे भाग में कांट तत्वमीमांसा को ध्वस्त करने का, इसके वस्तुनिष्ठ ज्ञान के झूठे दिखावे को अनावृत करने का प्रयास करते हैं।

यहाँ हम अत्यंत संक्षेप में यह दर्शाने का प्रयास करेंगे कि किस प्रकार कांट वास्तव में अनुभव की सीमा से बाहर बोध के विस्तार के भ्रम को दूर करते हैं। अपने समय के विज्ञान की कार्यविधि के प्रति अपना दृष्टिकोण दर्शाते हुए एवं वस्तु और वस्तु के उचित संज्ञान के बीच एक अज्ञेयवादी लक्ष्मणरेखा खींचते हुए, एक मनोगत विचारवादी अज्ञेयवादी ज्ञानमीमांसा को तत्वमीमांसा के विरुद्ध सामने रखकर वे विज्ञान का औचित्य सिद्ध करने लेकिन तत्वमीमांसा के सिद्धांतों को ध्वस्त करने का प्रयास करते हैं। इसी कारण *दि क्रिटीक ऑफ प्योर रीजन* में कांट का निष्कर्ष है कि विज्ञान तो संभव है किंतु तत्वमीमांसा नहीं। निस्संदेह, विज्ञान को ऐसा समझने पर वह आभासों के संसार तक ही सीमित रह जाता है। तथापि विज्ञान तत्वमीमांसा की भाँति भ्रांतिपूर्ण नहीं है।

इस संदर्भ में ध्यान देने योग्य है कि विज्ञान—विशेषकर गणित—की सफलता हमें ज्ञान के प्रवर्गों को परमार्थ सत् के यथार्थ पर प्रयुक्त करने के लिए प्रोत्साहित करती है। हैतुकता का नियम अनुभव के संपूर्ण क्षेत्र को अपने में समेट लेता है। फिर भी,

तथ्य यह है कि यहाँ हैतुकता के नियम को और अधिक विस्तृत करने की एवं स्वयं अनुभव को किसी अज्ञात कारण—ईश्वर या किसी भौतिक तत्व—का परिणाम मानने की प्रवृत्ति दिखाई देती है। लेकिन बोध की सामान्य प्रवृत्ति आभास एवं सारतत्व, संवृत्ति एवं परमार्थ सत् अथवा यथार्थ के बीच अंतर को समाप्त करने की होती है। किंतु अनुभव के जगत के परे वैज्ञानिक पद्धति का प्रयोग उस वस्तु की ओर ले जाता है जिसे कांट विप्रतिषेध या आत्म-खंडन कहते हैं। ये बुद्धि के प्रत्यय या सरल शब्दों में कहें तो शुद्ध भ्रांतियाँ हैं।

मानव-मन का लक्ष्य, जैसाकि प्रायः और उचित ही कहा जाता है, ज्ञान की समग्रता एवं एकता है। ऐसा ज्ञान आत्मा को अनुभव का कर्त्ता (मनोवैज्ञानिक विचार, पूर्ववर्ती बुद्धिपरक मनोविज्ञान का विषय), संसार को उसका लक्ष्य (ब्रह्मांडीय विचार, पूर्ववर्ती ब्रह्मांडमीमांसा का विषय), और ईश्वर को आत्मा एवं ब्रह्मांड की समग्रता (धर्ममीमांसीय विचार, पूर्ववर्ती बुद्धिपरक धर्ममीमांसा का विषय) मानकर चलता है। इन सब बातों को देखते हुए आत्मा को एक पूर्ण एकता एवं इसी प्रकार ब्रह्मांड को एक स्वयं में संपूर्ण प्रणाली के रूप में देखा जा सकता है। आत्मा एवं ब्रह्मांड की समग्रता के रूप में ईश्वर को समस्त अंतर्विरोधों से मुक्त होना चाहिए। किंतु इनमें से कोई भी धारणा अनुभव द्वारा सिद्ध नहीं है, क्योंकि ये संवेदना एवं बोध, दोनों से परे हैं। अतः कांट इन्हें प्रवर्ग न कहकर बुद्धि के प्रत्यय कहते हैं जो संवेदना एवं बोध, दोनों के ही कार्यकलाप में निहित रहते हैं। समग्रता एवं एकता वे लक्ष्य हैं जिन्हें प्राप्त करने के लिए ज्ञान प्रयत्नशील रहता है किंतु जो इस मामले की प्रकृति के कारण अप्राप्य ही रहते हैं। किंतु इस बात को किस प्रकार समझा जा सकता है ? यहाँ कांट का अभिप्राय सार-रूप में प्रस्तुत है।

कांट के अनुसार ज्ञान विश्लेषण एवं संश्लेषण पर आधारित होता है। अनुभवकर्त्ता से भिन्न ये दोनों निरर्थक हैं। अतः स्व की प्रकृति की व्याख्या की जानी चाहिए। जिस स्व से हम परिचित हैं वह अनुभवाश्रित होता है। इसकी गति काल में होती है और यह विशिष्ट अनुभवों का कर्त्ता होता है। यदि अनुक्रम में होनेवाले ये विशिष्ट अनुभव एकात्म आत्मानुभव की निरंतर प्रक्रिया से जुड़े न होते तो इनमें एकता न होती और यह प्रक्रिया भी आत्मानुभव के बिना असंभव होती। एक स्व से जुड़ने के लिए विगत एवं वर्तमान अनुभवों का एक साथ रहना आवश्यक है, और कांट के अनुसार, कल्पना के माध्यम से विगत अनुभव पुनर्जीवित होकर वर्तमान के अनुभवों में मिल जाते हैं। अतः कल्पना को ज्ञान के लिए आवश्यक माना जाता है। इसी कारण कहा जाता है कि ज्ञान वह कल्पना है जो देश और काल की प्रकृति का नियमन करनेवाले नियमों द्वारा नियंत्रित होती है। कल्पना पर बल दिया जाना 'ज्ञान की स्थिति' में विषय की महत्ता को दर्शाना है।[46] अनुभव के लिए विषयी और विषय दोनों ही समान रूप से

अपरिहार्य हैं। विषयी के बिना हम विषय की कल्पना भी नहीं कर सकते। न ही अनुभव की वस्तुओं का संदर्भ दिए बिना विषयी की कल्पना की जा सकती है। विषयी के संबंध में हम उतना ही जानते हैं जितना कि अनुभव हमें प्रत्यक्ष के बहुल रूप में दर्शाता है। बाह्य जगत के ज्ञान की भाँति हमारा स्व संबंधी ज्ञान भी एक अनंत प्रक्रिया है।

यह दर्शाने के पश्चात् कि द्रव्य के रूप में आत्मा का संज्ञान असंभव है, कांट समग्रता के रूप में ब्रह्मांड की प्रकृति संबंधी हमारी परिकल्पनाओं पर विचार आरंभ करते हैं। कांट के अनुसार, विज्ञान अनुभवों के विश्लेषण तक सीमित रहता है किंतु इन अनुभवों को हमेशा विशिष्ट ही होना चाहिए। अतः जब हम ब्रह्मांड की बात करते हैं तो यह यथार्थ एवं संभव अनुभवों की समग्रता ही हो सकता है। कांट के अनुसार, यही कारण है कि समग्रता के रूप में ब्रह्मांड संबंधी कोई भी वक्तव्य आत्म-खंडन की ओर ले जाता है। अपने विप्रतिषेधों में वे इसके अनेक उदाहरण प्रस्तुत करते हैं। ब्रह्मांड ससीम है या असीम ? यदि हम इसे ससीम कहते हैं तो प्रश्न उठता है कि इसकी सीमाओं के बाहर क्या है ? इसके विपरीत यदि हम इसे असीम कहते हैं तो हमारा बोध इसे एक धारणा के रूप में ग्रहण करने में असमर्थ होता है। ऐसी ही कठिनाइयाँ उस स्थिति में भी उत्पन्न होती हैं जब हम हैतुकता के प्रवर्ग पदार्थ को ब्रह्मांड पर प्रयुक्त करने का प्रयास करते हैं। यह दावा करना कि संसार का कोई आदि है, कांट की दृष्टि में उतना ही दुर्बोध है जितना यह कहना कि यह शाश्वत है। चूँकि हमारे निष्कर्षों की प्रामाणिकता हमारे संज्ञान तक ही सीमित होती है और चूँकि हम ब्रह्मांड का संपूर्ण ज्ञान कभी प्राप्त नहीं कर सकते, इसलिए ब्रह्मांड की समग्रता के संबंध में कोई भी वक्तव्य विरोधाभास की ओर ही ले जाता है।[47]

इन सब बातों को देखते हुए कांट इस निष्कर्ष पर पहुँचते हैं कि प्रवर्गों को स्व, ब्रह्मांड या ईश्वर से संबंधित समस्याओं पर प्रयुक्त नहीं किया जा सकता। अतः कोई आश्चर्य नहीं कि कांट चाहते हैं कि प्रवर्गों को बोध के नियमों के रूप में स्वीकार किया जाए और इसी कारण उन्हें केवल अनुभव पर ही प्रयुक्त माना जाए। अनुभव से संबद्ध होने के कारण विज्ञान प्रवर्गों के अनुरूप होता है और ये ही उसकी प्रामाणिकता के स्रोत भी हैं। किंतु कांट के समग्र दार्शनिक दृष्टिकोण में किन सैद्धांतिक निष्कर्षों एवं सामान्य निर्देशों को खोजा जा सकता है ? इस प्रश्न पर संक्षिप्त चर्चा करना उचित होगा। क्या विज्ञान को ऐसे सैद्धांतिक दृष्टिकोण से संतुष्ट रह जाना चाहिए जो वस्तुनिष्ठ संसार को जानने, इसके सार को सचमुच जानने एवं ऐसे ज्ञान के आधार पर, जो वस्तुतः अ-ज्ञान है, इसे निश्चित रूप से बदलने की मानव की क्षमता को अस्वीकार करता हो ? कांट की बात को गंभीरता से लेने पर यह तात्पर्य निकलता है कि वैज्ञानिक

पद्धति को अनुभव की सीमा से बाहर ले जाने का प्रयास अपरिहार्य रूप से विप्रतिषेधों या आत्म-खंडन की ओर ले जाता है। परिणामस्वरूप, कांट की ज्ञानमीमांसा, कम-से-कम अपने निहितार्थों के कारण, विचारवादी अज्ञेयवाद की ओर ले जाती है जो बुद्धि की गति और प्रकार्य को एक ऐसे अ-सामाजिक, अनैतिहासिक व्यक्ति के अनुभव-क्षेत्र तक सीमित रखता है, जो उनकी ज्ञानमीमांसा में संज्ञान का विशिष्ट विषयी है। फिर भी, अपने इंद्रियातीत द्वंद्ववाद में कांट बुद्धि एवं बोध में एक और भी सीमित अर्थ में भेद करने का प्रयास करते हैं। वे बुद्धि को उसका अपना एक अंतर्वर्ती प्रकार्य प्रदान करते हैं, जिसका लक्ष्य धारणाओं और निर्णयों का चरम संश्लेषण है। यह एक ऐसा सिद्धांत है जिसे एक ही प्रणाली माना गया है; यह ज्ञान की एकता है, यद्यपि बाह्य वस्तुनिष्ठ जगत में इसमें किसी मध्यस्थता की कल्पना नहीं की गई है। इस प्रकार शुद्ध बुद्धि संसार के संबंध में कोई सच्चा ज्ञान नहीं देती, बल्कि शुद्ध भ्रांति ही उत्पन्न करती है।

कुछ विचारक कांट की ज्ञानमीमांसा को कितना ही क्रांतिकारी क्यों न मानते हों, इसमें बुद्धि के सदैव-स्थिर प्रवर्गों के अभौतिक स्रोतों की जो धारणा पाई जाती है वह रहस्यपूर्ण है। यह धारणा अमूर्त बुद्धिवाद की परंपरा का भी क्षीण प्रतिनिधित्व करती है, यद्यपि 'बुद्धिवादी अंतर्ज्ञान' की बुद्धिवादी भ्रांति में कांट की आस्था नहीं है, जबकि यह बुद्धिवादी अंतःप्रज्ञा वस्तुओं के सार को भी प्रत्यक्षतः उजागर कर सकती थी।

जो भी हो, कांट महान विचारक थे क्योंकि उन्होंने इस विचार को ठीक ढंग से समझा कि सामान्यता एवं अनिवार्यता सच्चे ज्ञान के अभिलक्षण हैं। किंतु उनका विवरण बुद्धि के कुछ नियमों पर आश्रित है जो ज्ञान के विषयी को कुछ सामान्य, निश्चित, संख्यात्मक प्रवर्ग प्रदान करते हैं। ऐसी स्थिति में, ज्ञान अपरिहार्य रूप से स्थिर, अवरुद्ध, अ-विकासशील एवं अनैतिहासिक हो जाता है। एक अर्थ में, यह सत्य है कि कांट विचार के रूपों को अंतर्तत्व से अलग नहीं करते। फिर भी रूप और अंतर्तत्व, तर्क एवं संवेदना की जो एकता उनके संज्ञान के विशिष्ट विषयी की उपलब्धि है, वह संवृत्ति-जगत में रास्ता भटक जाती है और वस्तुओं के सार को वे अज्ञात एवं अज्ञेय घोषित करते हैं।[48]

इस प्रकार, वस्तुतः कांट वस्तुनिष्ठ सत्य की प्राप्यता की समस्या को सुलझा नहीं सके, क्योंकि उनकी दृष्टि में सच्चे ज्ञान के अभिलक्षणों, अर्थात् अनिवार्यता एवं सामान्यता की स्थिति वस्तुनिष्ठ संसार में न होकर संवेदनात्मकता एवं बुद्धि में होती है। इस प्रकार वे यथार्थ के सच्चे वस्तुनिष्ठ ज्ञान को प्राप्त करने की मानव-क्षमता को व्यवहारतः नकारते हैं।

स्पष्ट है कि ह्यूम से आगे जाने के प्रयास में कांट लॉक से भी पीछे रह गए। लॉक, कम-से-कम, समस्त अंतर्भूत विचारों को तो नकारते थे यद्यपि यह देखने में वे

असफल रहे कि ज्ञान मानव की संज्ञानात्मक क्षमता की निजी उपज नहीं है। लॉक ने मानव को भी अमूर्त रूप में, एक निष्क्रिय, अ-सामाजिक, अनैतिहासिक व्यक्ति के रूप में देखा है।

फिर भी, यह कहा जाना चाहिए कि ज्ञान के अंतर्तत्वों, संवेदनाओं, प्रत्यक्षों इत्यादि को वस्तुनिष्ठ यथार्थ से अलग करके अनुभववादियों ने वस्तुतः विचारवाद का मार्ग प्रशस्त किया। मात्र इस तथ्य की स्वीकृति कि ज्ञान का आरंभ प्रत्यक्ष से होता है, यदि प्रत्यक्ष वस्तुनिष्ठ यथार्थ से जोड़ने के स्थान पर हमें यथार्थ संसार से वियुक्त करे, तो हमें बहुत दूर तक नहीं ले जा सकती।

जब से कांट का दर्शन प्रचलित हुआ, कुछ विचारकों में इस बात पर बल देने की प्रवृत्ति चल पड़ी कि ज्ञान की दार्शनिक समस्या के समस्त अंतर्तत्व को गवेषणा के एक संकीर्ण क्षेत्र अर्थात् 'ज्ञानमीमांसा' तक सीमित कर दिया जाए, जिसका एकमात्र उद्देश्य ज्ञान की सीमा निर्धारित करना हो। निस्संदेह विज्ञान में वस्तुनिष्ठ यथार्थ के विशिष्ट क्षेत्र में किसी विशिष्ट सिद्धांत की व्यावहारिकता की सीमाओं को जानना महत्वपूर्ण होता है। किंतु इसका तात्पर्य यह नहीं है कि हमारे आसपास के जगत का कमोबेश सच्चा चित्र प्राप्त करने से ज्ञानमीमांसा का कोई सरोकार नहीं होता और यह कि ज्ञान को ज्ञान के विषयी के संगठन की विशिष्ट योजना मात्र माना जाए। इस स्थापना को स्वीकार करने का परिणाम अंततः यह हो सकता है कि दर्शन तर्कशास्त्र बनकर रह जाए और वैज्ञानिक ज्ञान के क्षेत्र से बाहर विश्व-दृष्टि की समस्या के निषेध का औचित्य केवल यह होगा कि आस्था के लिए स्थान बनाया जा सके। ऐसा इस कारण हुआ कि कांट की दृष्टि में विज्ञान 'वस्तु-निजरूप' को ग्रहण करने में असमर्थ होता है। उनकी मान्यता थी कि विज्ञान का क्षेत्र एवं प्रामाणिकता उन वस्तुओं में निहित हैं जिनका चयन वैज्ञानिक ज्ञान के बुद्धिपरक रूपों द्वारा होता है।

विज्ञान की अज्ञेयवादी व्याख्या को तत्वमीमांसा के विरुद्ध खड़ा करके उन्हें वस्तुतः तत्वमीमांसा के संकट का ज्ञान हुआ जिसे वे 'पूर्णतः एकाकी परिकल्पनात्मक विज्ञान' कहते थे क्योंकि यह केवल धारणाओं पर ही आश्रित होता है। फिर भी तत्वमीमांसा की भ्रांति को स्थानच्युत करने की प्रक्रिया में वे आस्था पर आधारित एक अन्य भ्रांति के शिकार हो गए।

"किंतु देकार्त के विपरीत, कांट की मान्यता है कि आस्था नैतिकता का आधार नहीं है, बल्कि धर्म नैतिक चेतना पर आधारित होता है। इस प्रकार कांट नैतिकता का नैतिक आधार सिद्ध करना चाहते हैं। कांट के अनुसार कोई व्यक्ति धार्मिक हुए बिना भी नैतिक हो सकता है, जबकि अंतर्भूत नैतिक चेतना के कारण वह धार्मिक हो जाता है। नैतिक चेतना स्वायत्त होती है अर्थात् प्रत्येक वस्तु—अनुभूति, हित अथवा धर्म—से

स्वतंत्र होती है। यह केवल अपने ही अधीन होती है, केवल अपनी ही आवाज सुनती है और अपने ही प्रागनुभविक रूप—निरपेक्ष आदेश—द्वारा निर्धारित होती है, जो वस्तुनिष्ठ है क्योंकि यह सच्चे अर्थ में नैतिक होता है। मानव की संभाव्य नैतिक क्षमता उसकी संज्ञानात्मक शक्तियों से अधिक होती है ··· कांट की दृष्टि में संभव आदर्श है व्यावहारिक बुद्धि (शुद्ध नैतिक चेतना) जो इसमें निहित नैतिक नियम का मुक्त रूप से पालन करती है। अतः कांट का कहना है कि दर्शन का सर्वोच्च लक्ष्य संसार में अपना उचित स्थान प्राप्त करने में मानव की सहायता करना है, उसे यह सिखाना है कि मानव बनने के लिए वह क्या करे।"[49]

निस्संदेह कांट ने सदेच्छा में अपनी आस्था व्यक्त की। किंतु जैसाकि *जर्मन आइडियोलोजी* में मार्क्स और एंगेल्स का कथन है, वे सदेच्छा मात्र से 'संतुष्ट' हो जाते हैं, भले ही यह पूर्णतः निष्फल रही हो। और इस सदेच्छा की सिद्धि को, इसके एवं समस्त व्यक्तियों की आवश्यकताओं एवं संवेगों के बीच सामंजस्य को वे परलोक में स्थानांतरित कर देते हैं।[50]

कांट के दार्शनिक दृष्टिकोण की जटिलता ने भौतिकवादियों एवं विचारवादियों के बीच एक विवाद खड़ा कर दिया। न तो भौतिकवादियों ने और न ही विचारवादियों ने कांट को उनकी असंगतियों एवं यदृच्छावाद के लिए बख्शा।

लेनिन के शब्दों में, कांट के दर्शन की मुख्य विशेषता है : "भौतिकवाद एवं विचारवाद की सुलह, दोनों के बीच एक समझौता, एक प्रणाली के अंतर्गत दो भिन्न एवं विपरीत दार्शनिक प्रवृत्तियों का संयोजन। जब कांट यह मानते हैं कि हमसे बाहर कोई वस्तु, एक *वस्तु-निजरूप* हमारे विचारों के अनुरूप होती है, तो वे भौतिकवादी होते हैं। जब वे इस वस्तु-निजरूप को अज्ञेय, इंद्रियातीत एवं दूसरी ओर स्थित मानते हैं तो वे विचारवादी होते हैं।"[51]

# विचारवादी विकल्प : फिख्टे और शेलिंग

कांट की असंगतियों के बावजूद तर्कशास्त्र एवं ज्ञान के क्षेत्र में उनके सकारात्मक अवदान को अनदेखा नहीं किया जा सकता। उनके उत्तराधिकारियों ( फिख्टे, शेलिंग एवं हेगेल) ने अपने-अपने ढंग से चिंतन की प्रकृति संबंधी कांट की धारणा से असंगतियों को दूर करने का प्रयास किया। कांट यह देखने में असमर्थ रहे कि "इनका (अर्थात् धारणाओं का) समाधान तार्किक रूप से किया जा सकता है और किया जाना चाहिए और इस कठिन कार्य को व्यावहारिक बुद्धि, नैतिक प्रस्थापनाओं एवं तर्कशास्त्र से बाहर के अन्य तत्वों एवं क्षमताओं के क्षेत्रों में स्थानांतरित करने की आवश्यकता नहीं है।"

चिंतन और सत्ता, विषयी एवं विषय, मानसिक एवं भौतिक, तर्कशास्त्रीय ज्ञानमीमांसक एवं सत्तामीमांसक के बीच संबंध की समस्या—जिसे एंगेल्स "दर्शन के आधारभूत प्रश्नों की समस्या" कहते हैं—एक बार पुनः महत्वपूर्ण रूप से सामने आई।

जोहान्न गॉट्टलिब फिख्टे (1762-1814) कांट के तत्काल बाद के विचारक थे। उन्होंने मनोगत विचारवादी दृष्टिकोण से कांट के दर्शन की असंगतियों को दूर करने का प्रयास किया। विचार, आत्मा, चेतना अथवा अहं को प्राथमिकता एवं महत्व प्रदान करके विचारवाद धर्म संबंधी विचारों का पक्ष-पोषण करता है जिनके अनुसार देश-काल में स्थित संसार ईश्वर की सृष्टि है। विचारवाद के अनेक रूप हैं, फिर भी मनोगत विचारवाद एवं वस्तुनिष्ठ विचारवाद, ये विचारवादी दृष्टिकोण के दो प्रमुख स्वरूप हैं। किंतु इनके बीच के अंतर को अभेद्य नहीं माना जाना चाहिए। मनोगत विचारवाद से भिन्न वस्तुनिष्ठ विचारवाद की मान्यता यह है कि सत्ता का मुख्य स्रोत व्यक्तिगत मानव-मन या आत्मा या अहं नहीं, बल्कि कोई वस्तुनिष्ठ संसारेतर चेतना, परम आत्मा अथवा सार्वभौम बुद्धि होती है। इससे भिन्न मनोगत विचारवाद व्यक्तिगत मन की निरपेक्षता को सर्वोपरि कहकर मनोगत संवेदनाओं को सत्ता का एकमात्र स्रोत मानता है। फिख्टे के मनोगत विचारवाद का मूल उद्देश्य कांट के असंज्ञेय वस्तु-निजरूप (किंतु तथाकथित रूप से यथार्थ) के सिद्धांत का खंडन था। फिख्टे के पास इसके अतिरिक्त

कोई अन्य उपाय नहीं था क्योंकि उन्हें अपनी इस प्रस्थापना की रक्षा करनी थी कि "केवल अहं की ही सत्ता होती है और जिसे हम बाह्य वस्तुओं द्वारा इस पर आरोपित सीमा मानते हैं, वह इसकी स्वयं की लगाई हुई सीमा है।"

फिख्टे का जन्म 1762 में हुआ एवं मृत्यु 1814 में हुई। 1780 में वे जेना विश्वविद्यालय में धर्मशास्त्र के विद्यार्थी के रूप में प्रविष्ट हुए, किंतु शीघ्र ही उनकी दर्शनशास्त्र में रुचि उत्पन्न हुई। अपने दार्शनिक चिंतन की आरंभिक अवस्था में वे स्पिनोजा से बहुत प्रभावित रहे। तत्पश्चात् कांट के दर्शन में उनकी गहन रुचि हुई, किंतु उन्होंने कांट के वस्तु-निजरूप के सिद्धांत को स्वीकार नहीं किया। उन्होंने ज्ञान के सभी रूपों एवं प्रकारों का निगमन केवल एक मनोगत विचारवादी तत्व से करने का प्रयास किया। वे जेना एवं बर्लिन विश्वविद्यालयों में आचार्य के पद पर रहे। (जेना विश्वविद्यालय से उन्हें नास्तिकता के आरोप में निलंबित किया गया।)

"उन्होंने सत्ता वर्ग के विशेषाधिकारों की आलोचना की एवं जर्मनी की एकता को एवं देश के सामंतवादी विभाजन को समाप्त करने की हिमायत की। उन्होंने 'व्यावहारिक दर्शन' एवं नैतिकता के, राज्य एवं विधि-व्यवस्था के महत्व पर बल दिया, किंतु 'व्यवहार' उनके लिए नैतिक चेतना की गतिविधि मात्र बनकर रह गया।"[52]

अपने व्यावहारिक दर्शन को सैद्धांतिक आधार प्रदान करने के लिए फिख्टे ने ज्ञान के विज्ञान को विकसित करने का प्रयास किया। यह प्रयास उनकी रचना Wissenschaftslehre (The Teaching of Science) में मिलता है जो 1794 में प्रकाशित हुई। कांट के दर्शन को अपना प्रस्थान-बिंदु बनाकर फिख्टे एक ऐसे प्रथम सिद्धांत की खोज में रहे जो आत्म-प्रकाशक हो और किसी अन्य पर निर्भर न हो; इसके बजाए सभी वस्तुएँ उस पर निर्भर हों। अपने सिद्धांत की एकता उन्हें कांट के अहं-प्रत्यक्ष अथवा आत्म-चेतना की एकता में मिली जिसे उन्होंने अहं का नाम दिंया। किंतु कांट के इंद्रियातीत अहं-प्रत्यक्ष को अपना प्रस्थान-बिंदु बनाकर भी उन्होंने कांट की व्याख्या को स्वीकार नहीं किया और मानव की अपने स्वयं की *प्रागानुभविक* चेतना को 'बौद्धिक अंतर्ज्ञान' माना। इससे 'अनुभवाश्रित आत्मा की आत्म-चेतना में एक परम स्व को खोजना' संभव हुआ। यह परम स्व मानव के ऐतिहासिक विकास की यथासंभव सीमा तक उसकी असीम सैद्धांतिक एवं व्यावहारिक शक्ति की रहस्यमय अभिव्यक्ति थी। यहाँ संभाव्य असीमता को यथार्थ असीमता में रूपांतरित कर दिया गया है। "यह असीमता उसी सीमा तक साकार होती है जिस सीमा तक व्यक्ति एवं उसका उद्देश्यपूर्ण साहचर्य (समाज) अपने सर्वशक्तिमान स्व के प्रति सचेत होते हैं। इस सर्वशक्तिमान स्व में इच्छा एवं बुद्धि एकरूप होते हैं अर्थात् इच्छा बुद्धिसंगत होती है, किंतु बुद्धि न केवल ज्ञान, बल्कि सामान्य व्यावहारिक, सर्व-सर्जनात्मक गतिविधि भी होती है।"[53] फिख्टे का परम स्व, सार रूप

में, उस समस्त यथार्थ का रचयिता है जो स्व से बाहर (अ-स्व) है। यही इसकी सृजनात्मकता की अनिवार्य दशा एवं सामग्री भी है। अतः फिख्टे के अनुसार :

> "अ-स्व स्व के ही कारण सिद्ध होता है; वस्तु चिरस्थायी रूप से चेतना के साथ जुड़ी होती है।"[54]

किंतु यदि मनोगत विचारवादी फिख्टे वास्तव में सक्रिय होते तो उन्हें मानना ही पड़ता कि वस्तुओं का अस्तित्व हमसे नितांत स्वतंत्र एवं बाहर होता है। कांट के दर्शन पर वामपंथी एवं दक्षिणपंथी, दोनों ही दृष्टिकोणों से प्रहार किया जा सकता है। फिख्टे ने दक्षिणपंथी दृष्टिकोण से कांट पर प्रहार किया क्योंकि उन्होंने पाया कि कांट की स्व से स्वतंत्र वस्तु-निजरूप की धारणा में अनेक असंगतियाँ हैं। उन्होंने वस्तु-निजरूप को वस्तुनिष्ठ यथार्थ का आधार भी नहीं माना। फिर भी, फिख्टे के दर्शन में विचारवादी द्वंद्ववाद के ऐसे तत्व देखे जा सकते हैं जिन्हें मात्र प्रतिपक्ष कहा जा सकता है। द्वंद्ववाद की यह धारणा भी निस्सार है क्योंकि फिख्टे हमसे स्वतंत्र रूप से स्थित प्रकृति, वस्तुनिष्ठ यथार्थ को हमसे बाहर, मात्र अ-अहं मानते हैं और प्रकृति के साथ न्याय नहीं करते।

शेलिंग (1775-1854) यद्यपि आरंभ में फिख्टे से प्रभावित रहे, मगर बाद में उन्होंने अपना स्वतंत्र दार्शनिक दृष्टिकोण विकसित किया जिसे फिख्टे के अतिवादी मनोगत विचारवाद की तुलना में 'वस्तुनिष्ठ विचारवाद' कहा जाता है। शेलिंग के दार्शनिक चिंतन के विकास में अनेक अवस्थाएँ देखी जा सकती हैं, किंतु हम उनमें से कुछ अवस्थाओं पर ही ध्यान केंद्रित करेंगे।

एफ. डब्ल्यू. जे. शेलिंग का जन्म 1775 में लियोनबर्ग में हुआ था। पंद्रह वर्ष की अवस्था में वे ट्यूबिंगन के मठ में प्रविष्ट हुए और वहाँ उन्होंने दर्शन, धर्मशास्त्र एवं कांट के दर्शन का अध्ययन किया। अपना विश्वविद्यालयी अध्ययन समाप्त करने के पश्चात् उन्होंने अनेक कार्य किए। पहले वे फिख्टे के शिष्य हुए और बाद में उनके सहयोगी। जेना विश्वविद्यालय से फिख्टे के निष्कासन के पश्चात् वे वहाँ दर्शन के अध्यापक नियुक्त हुए। उन्होंने *जर्नल ऑफ स्पेक्युलेटिव फिजिक्स* का एवं हेगेल के साथ *दि क्रिटिकल जर्नल ऑफ फिलॉसफी* का संपादन किया। 1807 में वे म्युनिख में नवगठित विज्ञान अकादमी के साधारण सदस्य बने। 1854 में उनकी मृत्यु हुई। उनकी मुख्य रचनाएँ *फिलॉसफी ऑफ नेचर* एवं *दि सिस्टम ट्रांसेंडेंटल आइडियलिज्म* हैं।

आरंभ में ही सामान्यतः कहा जा सकता है कि कोई भी दर्शन मनोगत एवं वस्तुगत, मानसिक एवं भौतिक, चिंतन एवं सत्ता, मानव एवं उससे बाहर स्थित यथार्थ के बीच के भेद को नहीं मिटा सकता। समस्या यह है कि इनके बीच के संबंध को किस प्रकार समझा जाए। यदि कोई विषय को लेकर चले और उसी दिशा में चिंतन करता रहे तो

वह अपरिहार्य रूप से भौतिकवादी विश्व-दृष्टि के किसी रूप तक पहुँचेगा । इसके विपरीत यदि वह विषयी या स्व को अपना प्रस्थान-बिंदु बनाता है और उसी दिशा में चिंतन करता है तो निश्चित है कि अंततः वह विचारवाद के किसी न किसी रूप तक पहुँचेगा ।

उदाहरण के लिए, शेलिंग विषयी एवं विषय, मन एवं प्रकृति के बीच स्थित विरोध एवं इनसे अपरिहार्य रूप से उत्पन्न वैकल्पिक दृष्टिकोणों के प्रति पूर्ण सचेत थे । शेलिंग के अनुसार दो संभव मार्ग हैं जिन्हें व्यवस्थित रूप से अपनी प्रस्थापनाएँ विकसित करनेवाला दर्शन अपना सकता है । "या तो कोई वस्तुगत को प्राथमिक माने और पूछे कि तदनुरूप कोई मनोगत वस्तु किस प्रकार उत्पन्न हुई ।" शेलिंग आगे लिखते हैं : "किंतु यह भी संभव है कि वस्तुगत को प्राथमिक माना जाए और फिर यह पता लगाया जाए कि उसके अनुकूल कोई भी वस्तुगत बात किस प्रकार उत्पन्न हुई ।"[55]

निस्संदेह, शेलिंग इन दोनों दृष्टिकोणों के विरोध के प्रति अत्यंत सचेत थे और वस्तुगत एवं मनोगत के संबंध की समस्या का समाधान करने के लिए उन्होंने विचारवादी दृष्टिकोण अपनाया । अपनी *फिलॉसफी ऑफ नेचर* नामक रचना में यद्यपि वे विषय से आरंभ करते हैं, लेकिन इसे अ-अहं के रूप में परिभाषित नहीं करते अपितु इसे वस्तुगत एवं मनोगत की पूर्ण एकरूपता मानते हैं । इसके द्वारा वे दर्शाना चाहते हैं कि प्रकृति किस प्रकार अपने विभिन्न रूपों एवं अवस्थाओं के माध्यम से आत्म-चेतना की ओर अग्रसर होती है । इस प्रकार वे वस्तुगत को विश्वात्मा की अचेतन अवस्था मानते हैं और विषयी अर्थात् मानव-बुद्धि पर आ जाते हैं । तथापि अपनी *ट्रांसेंडेंटल आइडियलिज्म* नामक रचना में शेलिंग विचारवाद तक पहुँचने का दूसरा मार्ग अपनाते हैं । मानव-आत्मा, आत्मनिष्ठता, से चलकर वे 'मानव-ज्ञान में वस्तुनिष्ठता की उत्पत्ति की व्याख्या' करने का प्रयास करते हैं । शास्त्रीय जर्मन दर्शन के प्रतिनिधि के रूप में शेलिंग को वस्तुनिष्ठ विचारवादी माना जाता है । "बाद में उन्होंने विभिन्न धार्मिक सिद्धांत प्रस्तुत किए और विज्ञान के कटु आलोचक हो गए ।" यद्यपि आरंभ में हेगेल शेलिंग के दर्शन से प्रभावित रहे, फिर भी सैद्धांतिक रूप से दोनों में महत्वपूर्ण अंतर देखे जा सकते हैं । शेलिंग ने अपनी आलोचना में हेगेल की विचारवादी प्रस्थापना की कुछ कमजोरियों को स्पष्ट रूप से दर्शाया है । शेलिंग के पास विचार से प्रकृति के निगमन संबंधी हेगेल के दावे को एवं इस तर्क को अस्वीकार करने का अच्छा आधार था कि सत्ता विचार में अंतर्भूत होती है । शेलिंग का कथन है : "शुद्ध चिंतन में प्रतिगमन करने का विशेष रूप से तात्पर्य है चिंतन के बाहर समस्त सत्ता से प्रतिगमन करना ।"[56] किंतु शेलिंग सत्ता पर विचार की प्राथमिकता की प्रस्थापना को अस्वीकार करते हैं ताकि वे :

"... इसके मुकाबले दर्शन के मूल प्रश्न के बारे में अपने अबुद्धिसंगत एवं विचारवादी समाधान को रख सकें। उनका दावा है कि ईश्वरीय सत्ता का अबुद्धिसंगत आध्यात्मिक तत्व से व्युत्पन्न विचार-तत्व विचारों की पहुँच से बाहर है। विचार को वस्तुओं का वस्तुनिष्ठ द्रव्य मानने की हेगेल की धारणा को अस्वीकार करते हुए शेलिंग द्रव्य की विचारवादी धारणा को अस्वीकार नहीं करते, बल्कि विचारवाद की ऐतिहासिक रूप से प्रगतिशील धारणा के स्थान पर केवल इसका एक प्रतिक्रियावादी रूप प्रस्थापित करते हैं। यह हेगेल के विचारवाद की दक्षिणपंथी आलोचना है।"[57]

1840 के दशक में हेगेल के युवा अनुयायी जर्मन यथास्थितिवाद एवं निरंकुशतंत्रवाद के प्रतिपादकों के अबुद्धिवाद से एवं उनके बौद्धिकता के विरोध से कड़ा संघर्ष कर रहे थे।

"एंगेल्स शेलिंग को स्वतंत्रता का द्रोही मानते थे जिसके लिए अपनी युवावस्था में उन्होंने, असंगत रूप से ही सही, संघर्ष किया था। तब मानव-बुद्धि की शक्ति और सामाजिक प्रगति में उनकी आस्था थी, किंतु अब (1830-1840 के दौरान) वे बुद्धि एवं दर्शन को धर्म के अधीन कर रहे थे और देववाणी को सत्य का स्रोत मानते थे।"[58]

# हेगेल : विचारवाद और अपवर्तित भौतिकवाद

एंगेल्स ने अपनी रचना *लुडविग फायरबाख ऐंड दि एंड ऑफ क्लासिकल जर्मन फिलॉसफी* में हेगेलीय चिंतन के रूढ़िवादी एवं प्रगतिशील, दोनों ही पक्षों पर समालोचनात्मक दृष्टि से विचार किया है। किंतु हेगेलीय चिंतन का प्रगतिशील पक्ष निहित किस बात में है ?

> "समग्र रूप से देखने पर हेगेल के सिद्धांत में विभिन्न व्यावहारिक दलगत धारणाओं के लिए पर्याप्त स्थान दिखाई देता है और तत्कालीन जर्मनी में सर्वोपरि दो बातें व्यावहारिक थीं—धर्म और राजनीति। हेगेलीय दर्शन पर बल देनेवाला व्यक्ति दोनों ही क्षेत्रों में पर्याप्त रूढ़िवादी हो सकता था, किंतु द्वंद्ववादी पद्धति को महत्वपूर्ण समझनेवाला व्यक्ति राजनीति एवं धर्म, दोनों ही क्षेत्रों में अत्यंत अतिवादी प्रकार का विरोधी दृष्टिकोण अपना सकता था।"[59]

हेगेल निस्संदेह आधुनिक यूरोपीय दर्शन में द्वंद्ववादी पद्धति के आधारभूत सिद्धांतों को पूर्णरूपेण सूत्रबद्ध करनेवाले प्रथम विचारक थे। द्वंद्ववादी पद्धति हेगेलीय दर्शन की सर्वोच्च उपलब्धि है। एक अर्थ में हेगेल के दर्शन को विज्ञान मानना उचित ही है जिससे उनका तात्पर्य व्यवस्थित ज्ञान था। सत्य को वे एक प्रणाली—शुद्ध बुद्धि की प्रणाली—में निहित मानते थे। सार रूप में, इसकी विशेषता वह पद्धति थी जिसे प्रत्यक्षमूलक विज्ञानों अथवा गणित से लेने की आवश्यकता नहीं थी। इस प्रकार, कांट के विपरीत, हेगेल दार्शनिक-सैद्धांतिक ज्ञान के विशिष्ट तत्वों को सिद्धांत (सत्य) एवं पद्धति (सत्य का साधन), दोनों ही रूपों में ग्रहण करने में समर्थ थे। सिद्धांत रूप में, इस पद्धति को अनुभवाश्रित वस्तुओं के समूह में अपचयित नहीं किया जा सकता। हेगेल की दृष्टि में दर्शन चिंतन है।

> "... यह चिंतन से आरंभ होता है और चिंतन के अंतर्तत्व (विज्ञान के अंतर्तत्व) को स्वयं अपने विकास के परिणाम के रूप में जानने का प्रयास करता है। इस

प्रकार, हेगेलीय सर्वबुद्धिवाद इस परंपरागत धारणा की पुष्टि करता है कि सत्ता-मीमांसक रूप से केवल बुद्धि, 'शुद्ध चिंतन' के माध्यम से दर्शन उन खोजों तक पहुँच सकता है जो सिद्धांत रूप में अनुभवाश्रित ज्ञान के क्षेत्र से बाहर हैं। जैसाकि हम जानते हैं, कांट इसे बुद्धिवादी भ्रांति कहकर अस्वीकार कर देते हैं। हेगेल ने इसे द्वंद्वात्मक विचारवाद के आधार पर पुनर्स्थापित किया जो संवेदना एवं बुद्धि के संबंध को अंतर्विरोध, निषेध एवं निषेध का निषेध समझता है। हेगेल के अनुसार दर्शन अनुभव, अर्थात् अमध्यस्थ एवं बुद्धिपरक चेतना को अपना 'प्रस्थान-बिंदु' मानता है।

> ''अनुभव द्वारा आंदोलित होकर विचार इस प्रकार आगे बढ़ता है कि वह नैसर्गिक, संवेदनात्मक एवं बुद्धिपरक चेतना से ऊपर उठता है और अपने शुद्ध एवं अविकारी तत्व तक ऊपर उठ जाता है।''[60]

आगे :

> ''हेगेल के अनुसार इंद्रियगत अनुभव का यह आरंभिक निषेध पूर्णतः अमूर्त होता है। परिणामस्वरूप इंद्रियों द्वारा प्रेक्षित संवृत्ति के सामान्य सारतत्व की आरंभिक दार्शनिक धारणा भी उतनी ही अमूर्त होती है। दर्शन इस अमूर्त निषेध को, इस अलगाव को समाप्त कर देता है तथा लोगों के दैनंदिन अनुभव की समस्या को उठाने के स्थान पर विशिष्ट विज्ञानों के तथ्यों की संपूर्ण समग्रता की विवेचना करता है। किंतु दर्शन इतने से ही संतुष्ट नहीं होता क्योंकि विशेष विज्ञान केवल अनुभवाश्रित तथ्यों को ही संश्लेषित करते हैं और यह संश्लेषण हमें संभव अनुभव या भौतिक यथार्थ की सीमाओं के परे नहीं ले जाता ... और जो कुछ आकस्मिक अंतर्तत्व के साथ अनुभवाश्रित रूप से प्रदत्त है वही दार्शनिक विचार को इसके लिए प्रेरित करता है कि वह अनुभवाश्रित दृष्टि से सीमित इस सामान्यता की दीवारें तोड़कर मुक्त हो ताकि वह अपने-आपसे बाहर विकास के पथ पर अग्रसर हो सके, अर्थात् शुद्ध विचारों को ग्रहण करे और उन्हीं के जगत में विचरण करे।''[61]

इस प्रकार, जैसाकि मार्क्स कहते हैं, दर्शन हेगेल की दृष्टि में एक 'परम विज्ञान', विज्ञानों का विज्ञान, एकमात्र ऐसा विज्ञान है जिसकी विषयवस्तु सत्य के लिए सत्य है—निजरूप और निजहेतु सत्य, न कि इसका अन्यीकृत, विषयीकृत रूप। निस्संदेह, हेगेल ने समस्त पूर्ववर्ती दर्शन के द्वंद्वात्मक चरित्र को उजागर किया, किंतु उन्हें यह भी भ्रम था कि केवल उन्हीं का दर्शन 'परम बुद्धि' की चरम एवं अंतिम परिणति है। कोई आश्चर्य नहीं कि इस

धारणा के निष्कर्ष को प्रशा की 'निरर्थक रूढ़िवादिता' अथवा 'निरंकुशवाद' का औचित्य सिद्ध करने के लिए प्रयुक्त किया गया जिसके विरुद्ध युवा हेगेलवादियों (हेगेल के जुझारू अनुयायियों) ने विद्रोह किया।

हेगेल का जन्म 1770 में हुआ एवं मृत्यु 1831 में हुई। युवावस्था में हेगेल जुझारू प्रवृत्ति के थे और उन्होंने अट्ठारहवीं सदी की फ्रांसीसी क्रांति का स्वागत किया था। उन्होंने प्रशा के राजतंत्र की सामंतवादी व्यवस्था के विरुद्ध विद्रोह किया था। "किंतु नेपोलियन के साम्राज्य के पतन के पश्चात् यूरोप-भर में जो प्रतिक्रिया हुई उसने हेगेल की चिंतनधारा को प्रभावित किया।" यह बात 1818 में उनके बर्लिन विश्वविद्यालय में आचार्य पद स्वीकार करने के पश्चात् विशेष रूप से स्पष्ट हो गई। विरोधाभास की बात यह है कि इसके पश्चात् उन्होंने राजतंत्रवादी प्रशा के सरकारी दर्शन को उचित ठहराना आरंभ कर दिया। उदाहरण के लिए,

> "हेगल का दर्शन बूर्जुवा क्रांति की पूर्ववेला में जर्मनी के अंतर्विरोधपूर्ण विकास को दर्शाता है; इसके पीछे उदीयमान जर्मन बूर्जुवा वर्ग का द्वैत था जिसके एक विचारक हेगेल थे। इसी कारण हेगेल के दर्शन में एक ओर तो प्रगतिवादी, यहाँ तक कि तत्कालीन यूरोप का क्रांतिकारी वातावरण प्रतिबिंबित हुआ है तो ··· दूसरी ओर उनके रूढ़िवादी, प्रतिक्रियावादी विचार हैं जिनमें जर्मन बूर्जुवा वर्ग की असंगतियाँ एवं कायरता प्रतिबिंबित होती है।"[62]

> "किंतु, इस सबसे हेगेल के दर्शन के पूर्ववर्ती दर्शनों की तुलना में अत्यधिक विस्तृत होने में कोई बाधा नहीं पड़ी और न ही इस बात में कि इस क्षेत्र में उन्होंने विचारों की ऐसी संपदा विकसित की जो आज भी अचंभित करती है। मन का संवृत्तिशास्त्र (जिसे भ्रूण-विज्ञान एवं जीवाश्म-विज्ञान के समकक्ष कहा जा सकता है; अपनी विभिन्न अवस्थाओं के माध्यम से वैयक्तिक चेतना का विकास, जो उन अवस्थाओं की संक्षिप्त अनुकृतियाँ प्रस्तुत करता है जिनसे मानव-चेतना इतिहास के कालक्रम में गुजरती है), तर्कशास्त्र, प्रकृति-दर्शन, मन का दर्शन और उसके ऐतिहासिक उपविभाजन, जैसे इतिहास का दर्शन, अधिकार का दर्शन, धर्म का दर्शन, दर्शन का इतिहास, सौंदर्यशास्त्र, इत्यादि—इन सभी विभिन्न ऐतिहासिक क्षेत्रों में उन्होंने विकास के व्याप्त सूत्र को खोजने और दर्शाने का प्रयास किया है।"[63]

हेगेल विलगाव के प्रवर्ग का विश्लेषण करते हैं और 'श्रम के सार' को विचारवादी ढंग से ग्रहण करते हैं, जहाँ मानव एवं उसके इतिहास को उसके अपने कार्य के परिणाम

के रूप में देखा जाता है। इसमें हेगेल के द्वंद्ववाद के मूल सिद्धांतों को भी देखा जा सकता है। साथ ही विचार एवं सत्ता की एकरूपता की एक तर्कपरक व्याख्या भी मिलती है जो कि हेगेलीय दर्शन का प्रस्थान-बिंदु है और इसी के द्वारा परम विचार के आत्मविकास को संसार के सार और आधार रूप में भी व्याख्यायित किया गया है। वे प्रकृति एवं इतिहास को व्यावहारिक तर्कशास्त्र, शुद्ध बुद्धि के आत्मविकासशील दर्शन की बाह्य अभिव्यक्ति मानते थे। तथापि,

> "... देकार्त से लेकर हेगेल और हॉब्स से लेकर फायरबाख तक विचारक केवल शुद्ध बुद्धि के बल से ही प्रेरित नहीं होते रहे, यद्यपि वे ऐसा ही समझते थे। इसके विपरीत, वास्तव में उन्हें प्रेरित करनेवाली शक्ति थी प्राकृतिक विज्ञान एवं उद्योग की शक्तिशाली एवं अधिकाधिक तीव्र गतिशील प्रगति। भौतिकवादी विचारकों पर तो इसका प्रभाव स्पष्ट परिलक्षित होता है, किंतु विचारवादी दर्शनों में भी भौतिकवादी अंतर्तत्व का अधिकाधिक समावेश होता गया और उन्होंने पदार्थ एवं मन के विरोध का समाधान करने का प्रयास किया।"[64]

इस संदर्भ में एंगेल्स हमारा ध्यान मुख्यतः उन तीन महान वैज्ञानिक खोजों की ओर आकर्षित करते हैं जिन्होंने हेगेल की द्वंद्ववादी प्रणाली के निर्माण में योगदान किया। यहाँ हम एंगेल्स को कुछ विस्तार से उद्धृत कर रहे हैं :

> "किंतु, सर्वोपरि, तीन महान खोजें ऐसी हैं जिन्होंने प्राकृतिक प्रक्रियाओं के अतर्संबंधों के बारे में हमारे ज्ञान में दिन दूनी रात चौगुनी वृद्धि की है। पहली, एक ऐसी इकाई के रूप में कोषाणु की खोज जिसके बहुगुणन एवं विभेदन से किसी पौधे या प्राणी का संपूर्ण शरीर विकसित होता है। इसके परिणामस्वरूप न केवल सभी उच्च कायाओं के विकास एवं वृद्धि को एक सरल सामान्य नियम द्वारा विकसित माना जाता है, बल्कि कोषाणु की परिवर्तन-क्षमता में वह पद्धति भी लक्षित होती है जिसके द्वारा जीव अपनी प्रजाति में परिवर्तन कर सकते हैं और इस प्रकार उनका विकास निजी विकास से कहीं अधिक होता है। दूसरी, ऊर्जा के रूपांतरण के सिद्धांत की खोज। इससे हमें ज्ञात हुआ कि अजैविक प्रकृति में क्रियाशील सभी तथाकथित शक्तियाँ—यांत्रिक बल एवं इसकी पूरक तथाकथित संभाव्य ऊर्जा, ऊष्मा, विकिरण (प्रकाश अथवा विकिरित ऊष्मा), विद्युत, चुंबकत्व एवं रासायनिक ऊर्जा, सब सार्वभौम गति के आविर्भाव के ही विभिन्न रूप हैं जो एक निश्चित अनुपात में एक-दूसरे में रूपांतरित होते रहते हैं ताकि किसी एक के किसी निश्चित मात्रा में चले जाने पर दूसरा उसका स्थान

उसी मात्रा में ले सके। इस प्रकार प्रकृति की संपूर्ण गति एक रूप से दूसरे रूप में रूपांतरण की निरंतर प्रक्रिया में सिमटकर रह गई है। अंत में, वह प्रमाण जो डार्विन ने एक समन्वित रूप में विकसित किया कि हम जिस प्रकृति से घिरे हैं और जिसमें मानवजाति भी सम्मिलित है उसकी जैविक उपजों का भंडार विकास की एक दीर्घ प्रक्रिया का परिणाम है, जो थोड़े-से एककोषीय जीवाणुओं से आरंभ हुई थी, और स्वयं ये जीवाणु जीवद्रव्य अथवा श्वेतक से उत्पन्न हुए थे, जिनकी उत्पत्ति रासायनिक प्रक्रियाओं से हुई थी।

''इन तीन महान खोजों एवं प्राकृतिक विज्ञान में हुई अन्य महती प्रगति के कारण ही आज हम ऐसी स्थिति में हैं कि प्रकृति की प्रक्रियाओं के बीच अंतर्संबंधों को न केवल विशिष्ट क्षेत्रों में दर्शा सकें, बल्कि समग्र रूप में इन विशिष्ट क्षेत्रों के अंतर्संबंधों को भी दर्शा सकें। इस प्रकार हम लगभग व्यवस्थित रूप एवं विस्तृत दृष्टिकोण से प्रकृति के अंतर्संबंधों को उन तथ्यों द्वारा प्रस्तुत कर सकते हैं जो स्वयं प्राकृतिक विज्ञान हमें प्रदान करता है। इस विस्तृत दृष्टिकोण को प्रदान करने का कार्य पहले तथाकथित प्रकृति-दर्शन का था। ऐसा करने के लिए यह दर्शन यथार्थ परंतु तब तक अज्ञात के अतर्संबंधों के स्थान पर काल्पनिक आदर्श को रखकर, अप्राप्य तथ्यों एवं यथार्थ शून्य को कल्पना द्वारा भरता था। इस प्रक्रिया में इस दर्शन ने अनेक प्रतिभापूर्ण विचारों की परिकल्पना की एवं बाद में होनेवाली अनेक खोजों का पूर्वानुमान किया, किंतु साथ ही इसने बड़ी मात्रा में ऐसी व्यर्थ बातों को भी जन्म दिया, जैसाकि होना वास्तव में आवश्यक न था। आज प्रकृति-वैज्ञानिक गवेषणाओं के परिणामों को केवल द्वंद्वात्मक रूप से अर्थात् उनके अतर्संबंधों के अर्थ में समझने की आवश्यकता है, ताकि 'प्रकृति की ऐसी प्रणाली' तक पहुँचा जा सके जो हमारे समय के लिए पर्याप्त हो। आज जबकि तत्वमीमांसा में प्रशिक्षित प्रकृति-वैज्ञानिकों के मन में भी अतर्संबंधों का यह द्वंद्वात्मक चरित्र उनकी इच्छा के विरुद्ध घर करता जा रहा है, तब प्रकृति-दर्शन की कोई आवश्यकता नहीं रही है। इसे पुनर्जीवित करने का प्रयास न केवल व्यर्थ होगा, बल्कि *एक कदम पीछे लौटना* होगा।''[65]

विचारवादी दार्शनिक चेतना को 'प्रदत्त' मानते हैं। यह जीवन का अमध्यस्थ तथ्य, प्रकृति पर आत्मद्रव्य की प्राथमिकता होती है। वे प्रत्येक स्थिति में विचार अथवा संवेदना से स्वतंत्र किसी वस्तुनिष्ठ यथार्थ का अस्तित्व स्वीकार नहीं करते और ज्ञान के विषय को 'संवेदनाओं का योग' अथवा किसी व्यक्ति या परम सत्ता के आत्मज्ञान का एक रूप बना देते हैं। उदाहरण के लिए, हेगेल ने बड़े साहसपूर्वक मनोगत एवं

वस्तुगत, चिंतन एवं सत्ता, मानसिक एवं भौतिक के बीच के विभाजन को समाप्त करने का प्रयास किया। किंतु :

> "विचारवाद ने उन्हें विषयी की प्रकृति को ही समझने नहीं दिया जिसे उन्होंने मानव-चिंतन में अपचयित कर दिया। इसने उन्हें विषय को भी नहीं समझने दिया जो उनकी दृष्टि में वही चिंतन था, लेकिन अपनी सत्ता के वस्तुनिष्ठ रूप में। इस दृष्टि से विषयी एवं विषय के बीच कोई यथार्थ अंतःक्रिया नहीं होती, और इसके लिए चिंतन के क्षेत्र से निकलकर वस्तुनिष्ठ यथार्थ के क्षेत्र में जाने का कोई यथार्थ मार्ग भी नहीं होता।"[66]

इसका कारण यह था कि हेगेल उस आधार को नहीं समझ पाए जिस पर विषयी एवं विषय इतिहास की प्रक्रिया में संबंधित होते हैं। यह सत्य है कि मार्क्स के पूर्व व्यवहार के महत्व को समझनेवाले विचारक हेगेल ही थे। किंतु, जैसाकि मार्क्स का कथन है, "हेगेल श्रम को केवल अमूर्त मानसिक श्रम के रूप में ही जानते और स्वीकारते हैं।"[67] ऐसी स्थिति में वस्तुनिष्ठ यथार्थ और इसके नियमों का बोध विषयी एवं विषय के बीच वास्तविक अंतःक्रिया का एक पक्ष नहीं रह जाएगा और ज्ञान को अपरिहार्य रूप से एक ऐसी स्वायत्त संवृत्ति माना जाएगा जो प्रकृति, समाज, और मूर्त व्यक्तियों की मूर्त चेतना से ऊपर हो। ज्ञान की यह वस्तुनिष्ठ विचारवादी धारणा न केवल मानव एवं बाह्य जगत के साथ उसकी व्यावहारिक गतिविधियों के संबंध में ज्ञान के वास्तविक स्वरूप को ही रहस्यमंडित कर देती है, बल्कि ज्ञान के विकास की वास्तविक समस्या को भी विकृत कर देती है। इसका कारण यह है कि इसमें ऐसी ज्ञानमीमांसा निहित होती है जिसे प्रायः 'सर्वबुद्धिवाद' या 'सर्वज्ञानवाद' कहा जाता है जिसके अनुसार बिना किसी अपवाद के प्रत्येक वस्तु का ज्ञान 'शुद्ध बुद्धि' की शक्तियों द्वारा संभव है। अन्य शब्दों में कहें तो इसका तात्पर्य यह है कि परम सत्य को सीधे ही ग्रहण किया जा सकता है और किसी प्रकार की प्रणाली में उसे एक अंतिम रूप दिया जा सकता है। उदाहरण के लिए, हेगेल की मान्यता थी कि परम विचार का आत्मविकास और साथ ही उसका आत्मसंज्ञान भी उनके अपने दर्शन के रूप में पूर्णता पा चुका था। फिर भी, हेगेल महान थे और जानते थे कि विकास के सिद्धांत को किसी भी विषय पर प्रयुक्त किया जा सकता है। *लॉजिक* में हेगेल कहते हैं कि "जहाँ कहीं गति है, जहाँ कहीं जीवन है और जहाँ कहीं यथार्थ संसार में कोई वस्तु कार्य-रूप में परिणत होती है वहाँ द्वंद्ववाद सक्रिय होता है।"[68]

किंतु हेगेल का द्वंद्ववाद का सिद्धांत वस्तुओं को गौण एवं उनके संबंध में कही जानेवाली बात को प्रमुख मानता है। फिर भी, अपने *साइंस ऑफ लॉजिक* में हेगेल प्रवर्गों की प्रणाली एवं उनके पारस्परिक संबंध की विशद व्याख्या करते हैं। यह

पारस्परिक संबंध ही चिंतन की गति का आंतरिक तर्क है।

> उनकी मान्यता थी कि प्रवर्गों में एक-दूसरे के बीच विपरीतों का संबंध होता है, प्रत्येक युग्म एक सामान्य अर्थ से जुड़ा होता है और साथ ही वैपरीत्य द्वारा विभक्त भी होता है। निस्संदेह उनका विचार यह था कि धारणाओं के संसार में विपरीत जड़ीभूत हो जाएँगे एवं द्वंद्व शांत हो जाएगा।"[69]

कहने का तात्पर्य यह है कि *साइंस ऑफ लॉजिक* में प्रवर्गों की संरचना की हेगेलीय विवेचना को तीन भागों में विभाजित किया जा सकता है—सत् का सिद्धांत, सार का सिद्धांत और धारणा का सिद्धांत। इसमें इतनी निरपेक्षता एवं संदर्भ की जड़ता आ जाती है कि यह कभी पुनरुक्तियों से उबर नहीं सकता। ऐसा तर्कशास्त्र सिद्धांततः कभी प्राकृतिक विज्ञान को यथार्थ आधार प्रदान नहीं कर सकता और न ही वैज्ञानिक नियमों की वस्तुनिष्ठ प्रामाणिकता सिद्ध कर सकता है। ऐसा तभी हो सकता है जब धारणा के आत्मविकास संबंधी हेगेलीय विचार को वैचारिक स्तर पर उलट दिया जाए। इसके लिए आवश्यक है कि धारणाओं को "परम धारणा के विकास की इस या उस अवस्था के बिंब मानने के स्थान पर उनकी भौतिकवादी व्याख्या करके उन्हें यथार्थ वस्तुओं के बिंब" माना जाए। किंतु हेगेलीय द्वंद्ववाद को वैचारिक स्तर पर उलटा क्यों किया जाए? ठीक इस कारण कि हेगेल वस्तुओं के संबंधों का निगमन विचारों के संबंधों से करने का प्रयास करते हैं। यह प्रयास न केवल यथार्थ के रहस्यमंडन को, अपितु मानव-मन में इसके विचित्र प्रतिबिंब को भी उचित ठहराता है। वस्तुतः हेगेल द्वारा यथार्थ के तत्वमीमांसी रहस्यमंडन ने "उनके द्वंद्ववाद तक को स्वयं अपने विपरीत में बना दिया।" जो भी हो, अपने द्वंद्ववाद में हेगेल यथार्थ का गतिशील दृष्टिकोण अपनाने का प्रयास करते हैं। वे प्रत्येक वस्तु को निरंतर गतिशील, अनवरत प्रवहमान मानते हैं।

> "फिर भी हेगेलीय प्रणाली के दबाव में इस गतिशील दृष्टिकोण को अंततः स्थिर दृष्टिकोण के समक्ष झुकना पड़ा। सृष्टि के विकास को, मानव-इतिहास की संपूर्ण प्रक्रिया को हेगेल एक प्रक्रिया के रूप में देखते हैं, किंतु यह वह प्रक्रिया है जिसके माध्यम से दैवी तत्व—परम अथवा आत्मा—अपने-आपको अभिव्यक्त करके पुनः अपने-आपमें ही लौट जाता है ...। अतः अंतिम विश्लेषण में यही बात स्पष्ट होती है कि हेगेलीय प्रणाली विकास को प्रति-विकास के रूप में समझने की और इतिहास की संपूर्ण दिशा को ही भ्रांति समझे जाने की माँग करती है। आरंभ में परम सत्ता थी और अंत में परम सत्ता अपने-आपमें लौट जाती है। इस प्रकार हेगेल स्वयं उस मिथ्या चेतना के शिकार हो जाते हैं जिसे

> उनका द्वंद्ववाद उखाड़ फेंकना चाहता था। इसका अगला चरण था इस मिथ्या चेतना को पूर्णरूपेण मिटाकर हेगेलीय द्वंद्ववाद को उस बंधन से मुक्त कराना जिसे स्वयं हेगेल ने बने रहने दिया था। यह निर्णायक कदम उठाया मार्क्स और एंगेल्स ने जिनके लिए द्वंद्ववादी दृष्टि वर्गरहित समाज की दिशा में बढ़ने का एक अस्त्र बनी।"[70]

यहाँ ध्यान रखना आवश्यक है कि मार्क्स एवं एंगेल्स के पहले लुडविग फायरबाख (1804-1872) ने संज्ञान की अपनी धारणा में हेगेल की ज्ञान के विषय संबंधी धारणा की एक भौतिकवादी समालोचना प्रस्तुत करने का प्रयास किया था। निस्संदेह फायरबाख ने विषय को शुद्ध चेतना मानने की विचारवादी धारणा की व्यर्थता को पहचान लिया था। किंतु फायरबाख के लिए मानव-मात्र एक ऐसा जैविक प्राणी था जो अपनी भौतिक प्रकृति के कारण यथार्थ को जानने में सक्षम था। अपनी संज्ञान की धारणा में फायरबाख का सरोकार "नैसर्गिक सारतत्व से युक्त एक मूर्त व्यक्ति से था।" किंतु, जैसाकि मार्क्स का कथन है, फायरबाख कभी एक सचमुच अस्तित्वमान सक्रिय मनुष्य की धारणा तक नहीं पहुँचे, बल्कि 'मानव' की जैविक अमूर्त धारणा पर ही ठहर गए।[71] मार्क्स ने मानव को कभी अमूर्त रूप में नहीं देखा, बल्कि उसका अध्ययन उसे समाज के एक ठोस रूप के संदर्भ में रखकर किया, एक ऐसे मनुष्य के रूप में जिसका लक्षण उत्पादन की एक निश्चित पद्धति थी। "मानव-सार प्रत्येक व्यक्ति में निहित कोई अमूर्त तत्व नहीं है ... । यह सामाजिक संबंधों का समुच्चय है।"[72]

इस प्रकार, मार्क्स से पहले का भौतिकवाद, जिसमें फायरबाख का भौतिकवाद भी सम्मिलित है, सचमुच सक्रिय लोगों एवं सामाजिक व्यवहार को ग्रहण नहीं कर पाया। कार्ल मार्क्स के सिद्धांतों के बारे में अपने विख्यात सार-संक्षेपों में लेनिन का कथन है :

> "मार्क्स और एंगेल्स फायरबाख के भौतिकवाद सहित 'पुराने' भौतिकवाद के मूलभूत दोषों को इस प्रकार समझते थे : (1) कि यह भौतिकवाद 'मुख्यतः यांत्रिक' था जो रसायनशास्त्र एवं प्राणिविज्ञान में होनेवाले आधुनिकतम विकास का सामना करने में असमर्थ था (आज इसमें पदार्थ का वैद्युत सिद्धांत भी जोड़ना आवश्यक होगा)। (2) कि पुराना भौतिकवाद अनैतिहासिक, और अद्वंद्वात्मक के अर्थ में आधिभौतिक था; और यह निरंतर एवं व्यापक रूप से विकास के दृष्टिकोण पर अडिग नहीं रहा। (3) कि यह मानव-सार को अमूर्त रूप में देखता था, न कि समस्त मूर्त रूप से परिभाषित ऐतिहासिक 'सामाजिक संबंधों' के संकुल के रूप में, और इसी कारण इसने संसार की केवल 'व्याख्या' की, जबकि

जरूरत इसे 'बदलने' की है अर्थात् इसने क्रांतिकारी व्यावहारिक गतिविधि के महत्व को नहीं समझा ।"[73]

वस्तुतः दर्शन के क्षेत्र में मार्क्स का सबसे बड़ा अवदान यह है कि उन्होंने ज्ञान एवं व्यवहार, सत्य एवं हस्तक्षेप के बीच के संबंध को पहचाना । सत्य ज्ञान है जिसका अंतर्तत्व है वस्तुनिष्ठ सत्ता का प्रतिबिंबन । ज्ञान व्यवहार की उपज है और उसका परीक्षण होता है सामाजिक व्यवहार में । फायरबाख पर अपनी दूसरी प्रस्थापना में कार्ल मार्क्स कहते हैं : "व्यवहार में व्यक्ति को सत्य को अर्थात् यथार्थ को, अपने चिंतन की लौकिकता को सिद्ध करना पड़ता है ।" यह न केवल विचारवाद (जोकि सदैव किसी न किसी रूप में धर्म से जुड़ा होता है) से संघर्ष के लिए आवश्यक है, बल्कि अज्ञेयवाद एवं सभी प्रकार के प्रत्यक्षवाद से संघर्ष के लिए भी आवश्यक है । लेनिन ने इस बात पर बल दिया कि "व्यवहार सैद्धांतिक ज्ञान से श्रेष्ठ होता है, क्योंकि इसमें न केवल सामान्यता की, बल्कि अमध्यस्थ वास्तविकता की भी महिमा होती है ।" यदि ज्ञान की कुछ कड़ियों को व्यवहार में स्थापित न किया गया हो और तर्कशास्त्र को आधिभौतिक ढंग से प्रकृति एवं समाज को रूपांतरित करनेवाले व्यवहार से अलग कर दिया जाए तो 'वास्तविकता का रहस्यमंडन' होना निश्चित है । विचारवादी-आधिभौतिक दृष्टिकोण में वास्तविकता का जो रहस्यमंडन दिखाई देता है, उसकी प्रकृति एवं उत्पत्ति को वैज्ञानिक रूप से अनावृत करने के लिए मार्क्स एवं एंगेल्स को एक नए दृष्टिकोण का, एक नई विश्व-दृष्टि का विकास करना पड़ा—एक ऐसी दृष्टि जो *द्वंद्वात्मक* एवं *भौतिकवादी,* दोनों ही थी । किंतु इसकी अधिक चर्चा वर्तमान ग्रंथमाला की समापन पुस्तिका में की जाएगी, जिसका लक्ष्य मानव के दार्शनिक चिंतन एवं उसके भविष्य का सार-संक्षेप प्रस्तुत करना है ।

# मार्क्स का दर्शनशास्त्र

कार्ल मार्क्स (1818-83) का जन्म जर्मनी के त्रिएर नगर में एक सफल वकील के घर हुआ था। लड़कपन से ही उनकी दिलचस्पी प्राचीन ग्रंथों में उत्पन्न हुई थी जिसका श्रेय उनके पड़ोसी बैरन फान वेस्टफालेन के साथ उनकी घनिष्ठता को है। मार्क्स ने आगे चलकर इन्हीं सज्जन की पुत्री जेनी से विवाह किया। उन्होंने पहले बोन विश्वविद्यालय में कानून की शिक्षा प्राप्त की और फिर बर्लिन विश्वविद्यालय में आ गए जहां दर्शनशास्त्र में उनकी रुचि बढ़ी। यहां वे क्रुद्ध युवकों के एक दल में शामिल हो गए जिन्हें युवा हेगेलवादी (यंग हेगेलियंस) कहा जाता था। यहां उन्होंने डेमोक्राइटस और एपीक्यूरस के प्रकृति-दर्शन में अंतर के विषय पर अपना शोध-प्रबंध लिखा। इस ग्रंथ में यूनानी और लातीनी अध्ययनों का भारी पैमाने पर उपयोग किया गया है और इस कारण यह काफी हद तक अपठनीय है। उन्होंने 1841 में येना विश्वविद्यालय से डाक्टर आफ फिलासफी की उपाधि प्राप्त की। अगले साल कोलोन जाकर उन्होंने उग्रवादी पत्र *राइनिश जाइतुंग* का संपादक पद संभाल लिया। 1843 में इस पत्र को प्रशिया की सरकार ने बंद कर दिया। 1842-43 में उन्होंने 'हेगेल के विधि-दर्शन की समालोचना' लिखी और 1843 में वहां से निष्कासित होकर पेरिस के एक उपनगर में बस गए। यहीं उन्होंने 1844 में एक ग्रंथ पर काम करना आरंभ किया जिसकी पांडुलिपियां हम तक *इकानामिक एंड फिलोसोफिकल मैनुस्क्रिप्ट्स* के नाम से पहुंची हैं। पेरिस में ही उनकी मुलाकात फ्रेडरिक एंगेल्स (1820-95) से हुई जो मार्क्स के आजीवन साथी, सहयोगी और व्याख्याकार के रूप में जाने गए। एंगेल्स के साथ मिलकर मार्क्स ने 1844 में *दि होली फैमिली* लिखी और फिर 1845-46 में उन्होंने *दि जर्मन आइडियोलाजी* की रचना की जो मार्क्सवाद की पहली विस्तृत व्याख्या प्रस्तुत करती है। मार्क्स ने 1847 में *दि पावर्टी आफ फिलासफी* और *वेज, लेबर एंड कैपिटल* की रचना की। इसके बाद मार्क्स और एंगेल्स ने 1848 में *कम्युनिस्ट मैनीफेस्टो* का अंतिम प्रारूप तैयार किया। 1867 में मार्क्स के प्रसिद्ध ग्रंथ *कैपिटल : ए क्रिटिकल एनालिसिस आफ दि कैपिटलिस्ट प्रोडक्शन* का पहला खंड प्रकाशित हुआ। इसके आगे के खंड मार्क्स के जीवन

में प्रकाशित न हो सके और उनकी पांडुलिपियों को एंगेल्स ने व्यवस्थित और संपादित करके प्रकाशित किया। इस बीच एंगेल्स ने भी अनेक कृतियों की रचना की जिनको लेनिन ने मार्क्सवाद की, उसके दर्शनशास्त्र, समाजशास्त्र और अर्थशास्त्र की सर्वोत्तम व्याख्याएं कहा है। मार्क्स ने लगभग पूरा का पूरा वयस्क जीवन घोर निर्धनता में बिताया। इस दौरान उन्होंने मुख्यतः लंदन के ब्रिटिश म्यूजियम में बैठकर अपना अध्ययन जारी रखा। अगर उनके अपेक्षाकृत समृद्ध साथी एंगेल्स ने उनको वित्तीय सहायता न दी होती तो उनके परिवार का जीवन कहीं अधिक नारकीय होता।

## हेगेल से भिन्न मार्ग

मार्क्स के मार्क्सवादी बनने की भी एक लंबी कहानी है। इसकी विस्तृत प्रक्रिया में रुचि रखनेवाले पाठक थियोडोर आयजरमान की रचना *दि मेकिंग आफ दि माडर्न फिलासफी* देख सकते हैं जो तथ्यों से पुष्ट भी है और उसी प्रकार सुपठनीय भी।

चूंकि यहां हमारा सरोकार मुख्यतः दर्शनशास्त्र के विकास की कथा से है, इसलिए हमारे लिए महत्व इसका है कि मार्क्स ने हेगेल से भिन्न एक रास्ता कैसे अपनाया। इसकी विस्तृत व्याख्या तो इस शृंखला की समापन-पुस्तिका में ही की जाएगी, लेकिन यहां कुछ खास-खास बातें कही जा सकती हैं।

जैसाकि हमने देखा है, हेगेलीय दर्शनशास्त्र के दो प्रमुख पक्ष थे—उनका परम तत्व का सिद्धांत और उनकी द्वंद्ववाद की क्रांतिकारी पद्धति। चूंकि इस परम तत्व में आत्म निषेध (या वियोजन) की एक अंतःप्रेरणा होती है, इसलिए इसे सही अर्थों में शायद ही *परम तत्व* कहा जा सके। मार्क्स ने हेगेलीय दर्शनशास्त्र के इस पक्ष को स्वाभाविक रूप से एक ऐसी कृत्रिम संरचना माना जिसमें स्वयं हेगेल किसी न किसी प्रकार अपनी क्रांतिकारी द्वंद्ववादी पद्धति को ठूंसना चाहते थे। मार्क्स ने इस परम तत्व को त्यागकर द्वंद्ववाद को अपनाया।

लेकिन क्या उसे भी त्याग दिया गया जो (हेगेल के दर्शनशास्त्र में) परम तत्व या आत्मद्रव्य की छाया-मात्र था। यह था पदार्थ अर्थात् प्रकृति और मानव। मार्क्स ने इन्हीं को स्वीकार किया। लेकिन यह स्वीकार भी बहुत ही कठिन कार्य था अर्थात् इसके लिए सामान्य अर्थ में पदार्थ अर्थात् प्रकृति और मनुष्य के द्वंद्ववादी विकास की पूरी रूपरेखा दर्शानी आवश्यक थी। इसका अर्थ था भौतिकवादी विश्वदृष्टि को इस प्रकार पुनर्स्थापित करना कि उसकी पहलेवाली सीमाएं इसमें न रहें। पहले के भौतिकवादियों को द्वंद्ववाद के मूल सिद्धांतों का कोई ज्ञान न था और वे यांत्रिक दृष्टिकोण से ग्रस्त थे। मार्क्स ने जिस सिद्धांत का विकास किया उसे सामान्य भाषा में द्वंद्वात्मक भौतिकवाद कहा जाता है। लेकिन इसका तात्पर्य था दर्शनशास्त्र के कार्यभार में एक मूलभूत परिवर्तन। यहां हम पूरे मार्क्सवादी दर्शनशास्त्र की विवेचना करने के स्थान पर मुख्यतः इसी पक्ष पर ध्यान केंद्रित करेंगे।

## हस्तक्षेप का दर्शनशास्त्र

एक महत्वपूर्ण अर्थ में मार्क्सवाद का जन्म मार्क्स और एंगेल्स से पहले की सामान्य दार्शनिक परंपरा से हुआ है और मार्क्सवाद का मूल इसी परंपरा में है। लेकिन इससे भी महत्वपूर्ण यह है कि मार्क्सवाद इसी परंपरा की किसी मूलभूत विशेषता के उन्मूलन का प्रयास है और उससे निर्णायक संबंध-विच्छेद की घोषणा करता है।

मार्क्स और एंगेल्स ने अपने पहले के दर्शनशास्त्र की बुनियादी समझ से ही अपना नाता तोड़ लिया। लेकिन पारंपरिक दर्शनशास्त्र से इस प्रकार नाता तोड़ने का अर्थ पारंपरिक दर्शनशास्त्र का पूर्ण निषेध नहीं था। 1844 के *इकानमिक एंड फिलोसोफिकल मैनुस्क्रिप्ट्स* में हम मार्क्स को वैज्ञानिक साम्यवाद की राह टटोलते देख सकते हैं; वे यहां तक अभी पहुंचे नहीं थे। फिर भी, इसमें भी मार्क्स ने साम्यवाद की परिभाषा इस प्रकार की है : "मानव का अपनी सामाजिक (अर्थात् मानवीय) सत्ता की ओर पूर्ण प्रत्यागमन—एक ऐसा प्रत्यागमन जो सचेत क्रिया द्वारा प्राप्त किया गया हो और पहले के विकास की समस्त पूंजी जिसका आधार हो।" मार्क्स और एंगेल्स की परिपक्वतम रचनाओं में भी यही समझ पाई जाती है।

इसलिए मार्क्सवाद के संस्थापक इस बोध में अपने अग्रगामियों की उपलब्धियों के प्रत्येक सकारात्मक तत्व का समावेश और विकास करना चाहते थे। साथ ही मार्क्स और एंगेल्स ने इन तत्वों को यथारूप स्वीकार करना भी उचित नहीं समझा। कारण कि ये सभी उपलब्धियां, बल्कि हेगेलीय दर्शनशास्त्र की गहनतम अभिव्यक्तियां भी स्वयं दर्शनशास्त्र की एक मूलतः विपर्यस्त समझ के कारण काफी हद तक कुंद थीं और यह विपर्यय पारंपरिक विकास के पूरे विकासक्रम की विशेषता था। मार्क्स और एंगेल्स इसी विपर्यय से पूरी तरह नाता तोड़ना चाहते थे। उनका उद्देश्य यह था कि पारंपरिक दर्शनशास्त्र की जो भी सकारात्मक उपलब्धियां हों उन्हें संजोकर रखा जाए। इस कारण मार्क्सवादी दर्शनशास्त्र की समझ के लिए उचित यह होगा कि पारंपरिक दर्शनशास्त्र से उसकी भिन्नता की प्रकृति को समझा जाए।

तो इस भिन्नता का प्रस्थान-बिंदु क्या था ?

इसकी सटीकतम और स्पष्टतम अभिव्यक्ति *थीसेस आन फायरबाख* (1845) के ग्यारहवें और अंतिम सूत्र में पाई जाती है : "आज तक दर्शनशास्त्रियों ने विभिन्न प्रकार से विश्व की *व्याख्याएं* ही की हैं; असल बात उसे *परिवर्तित* करने की है।"

ऊपर के उद्धरण में जोर स्वयं मार्क्स का दिया हुआ है। स्पष्ट है कि इस प्रकार उन्होंने दर्शनशास्त्र के बारे में अपनी समझ की महत्वपूर्ण बातों पर जोर दिया है। उनकी इस नई विश्वदृष्टि में दर्शनशास्त्रियों के लिए एक बिलकुल नई भूमिका निर्धारित की गई है। यह वास्तविक विश्व के वास्तविक कार्यकलाप में प्रभावी हस्तक्षेप की भूमिका है और स्वयं दर्शनशास्त्रियों समेत सभी वास्तविक स्त्री-पुरुषों की सत्ता इसी विश्व में है। पारंपरिक

दर्शनशास्त्र के पूरे विकासक्रम में दर्शनशास्त्रियों के लिए जो भूमिका निर्धारित थी और जो भूमिका उन्होंने सचमुच अदा की, उससे यह नई भूमिका ठीक उलटी है। अभी तक उनकी भूमिका अवधारणात्मक या तार्किक साधनों की सहायता से, अनुभवाश्रित साक्ष्यों की सहायता से या उनके बिना विश्व का साक्षात्कार करने, उसमें निहित या उससे परे स्थित सत्य का अन्वेषण करने तक सीमित थी। मार्क्स के शब्दों में उनकी भूमिका विश्व की व्याख्या करने की थी। यह एक मूलतः बौद्धिक कार्यकलाप है हालांकि अनेक प्राचीन एवं मध्यकालीन दर्शनशास्त्रियों ने इसके लिए किसी आधिप्राकृतिक मान्यता का दावा भी किया है। लेकिन यह तथाकथित आधिप्राकृतिक मान्यता हो या न हो, यह बौद्धिक कार्यकलाप विश्व के अपने विकासक्रम से छेड़-छाड़ नहीं करता और उसे यथावत् रहने देता है, भले ही दर्शनशास्त्रियों ने इसके बारे में कुछ भी कहा हो। क्रिया या सक्रिय हस्तक्षेप से मुक्त यह साक्षात्कार या व्याख्या बहरहाल एक मनोगत कार्य है। दर्शनशास्त्रियों के इरादे चाहे जितने नेक हों, इस मनोगत प्रक्रिया से विश्व का रूपांतरण नहीं होता बल्कि अधिक से अधिक विश्व के प्रति व्यक्ति के निजी दृष्टिकोण का ही रूपांतरण होता है। अनेक दर्शनशास्त्रियों के बारे में हम जानते हैं कि उन्होंने विश्व की बुराइयों और कष्टों की भावपूर्ण आलोचनाएं की हैं। अनेक ने तो इसके प्रति अपनी तीखी घृणा का भी इजहार किया है, यहां तक कि इसे कल्पना का मूर्खतापूर्ण छायालोक कहकर उसकी निंदा भी की है। लेकिन इन सभी आलोचनाओं और निंदाओं का परिणाम अधिक से अधिक यही हुआ है कि दर्शनशास्त्रियों ने इससे मुंह मोड़कर अपने विचारों, संकल्पों और भावों को बेहतर ढंग से संगठित करने के प्रयास किए हैं और उनकी धारणाएं अधिक परिष्कृत, व्यवस्थित और सुसंगठित हुई हैं।

मार्क्सवादी दृष्टिकोण से यह मानना गलत होगा कि दर्शनशास्त्र के पारपंरिक आदर्शों को माननेवाले पहले के दर्शनशास्त्रियों की कोई उपलब्धि रही ही नहीं है। हां, इतना है कि उनकी जो भी उपलब्धियां रहीं वे विचार या चेतना के क्षेत्र तक सीमित रहीं। मार्क्सवादी दृष्टि से इससे भी महत्वपूर्ण बात यह जानना है कि कर्म से दूर रहकर विश्व के साक्षात्कार या व्याख्या तक सीमित रहने की पारंपरिक दर्शनशास्त्रियों की प्रवृत्ति वस्तुगत रूप से विश्व के अपने विकासक्रम के प्रति उनकी मूक सहमति रही है, भले ही इन दर्शनशास्त्रियों के अपने इरादे कुछ भी रहे हों। इसके अलावा, अगर व्यापक विश्व की भौतिक दशाएं ज्यों की त्यों रहने दी जाएं तो विचार या चेतना के क्षेत्र में भी यथार्थ महत्व की कोई खास उपलब्धि संभव नहीं है। (यह मार्क्स के महत्वपूर्ण आविष्कारों में से एक है जिसके बारे में हम जरा आगे चलकर विचार करेंगे।) उदाहरण के लिए इस प्रवृत्ति ने, कांट के शब्दों में, दर्शन को "उन लोगों के लिए अत्यंत अनुकूल रणक्षेत्र बना दिया है जो छद्म-युद्धों में स्वयं को व्यस्त रखना चाहते हैं।" कांट ने इस बात को समझ लिया था कि शुद्ध बुद्धि को दार्शनिक ज्ञान का एकमात्र साधन मान लेने पर दर्शनशास्त्र के लिए इस दुखद स्थिति से निकलने का कोई रास्ता भी नहीं रह जाता। निःसंदेह इस बात पर मार्क्स कांट से काफी

हद तक सहमत थे लेकिन इन दोनों द्वारा सुझाए गए उपचार एकदम भिन्न-भिन्न हैं। कांट का उपचार था—ज्ञान के सभी दिखावटी दावों को आस्था के पक्ष में त्याग देना। इसलिए उन्होंने बुद्धि पर पहरा लगाने जैसी बातें कहीं ताकि वह ईश्वर और अमरत्व-संबंधी लोक-आस्थाओं के क्षेत्र में घुसने न पाए। मार्क्स के विचार में यह सब सरदर्द के उपचार के लिए सर को काटने के ही समान था, भले ही यह बात कांट के समय के शासक वर्ग के हित में रही हो जो खासतौर पर मेहनतकश जनता के ज्ञान में वृद्धि को और जड़ीभूत धर्म में उसकी आस्था में कमी को खतरे का सूचक मानता था।

विश्व के रूपांतरण से मार्क्स का आशय वर्गहीन समाज या साम्यवाद की स्थापना था। अगर-मगर करने का यहां कोई फायदा नहीं। मार्क्स सबसे पहले एक कम्युनिस्ट थे, वैज्ञानिक साम्यवाद के संस्थापक थे जबकि अनेक पूर्ववर्ती विचारक एक समतामूलक समाज के सपने मात्र देखते थे और उन्हें न तो इसका पता था कि मानव-इतिहास को संचालित करनेवाले मूलतः भौतिक सामाजिक-आर्थिक नियम क्या हैं और न ही इसका पता था कि साम्यवाद की स्थापना के लिए इन नियमों का कारगर इस्तेमाल कैसे किया जाए।

अगर मार्क्स की समझ में वर्गीय समाज को उखाड़ फेंकने का ऐतिहासिक दायित्व संगठित मजदूर वर्ग का है तो फिर ऐसा क्यों है कि वे विश्व के परिवर्तन की भूमिका खासतौर पर दर्शनशास्त्रियों को देते हैं जिससे उनका अभिप्राय, जैसाकि हमने कहा है, साम्यवाद की स्थापना के लिए सक्रिय संघर्ष से है ? क्या ऐसा है कि फायरबाख पर अपना ग्यारहवां सूत्र लिखते हुए मार्क्स एक अति-उत्साही राजनीतिज्ञ की तरह आगे आनेवाले महान राजनीतिक संघर्ष के लिए दार्शनिक गतिविधियों समेत समस्त गतिविधियों को निलंबित रखना चाहते थे ?

ऐसी समझ मार्क्स की बहुत ही गलत समझ होगी। इसके दो कारण हम यहां प्रस्तुत करेंगे। प्रथम, मार्क्स दर्शनशास्त्रियों से आशा करते थे कि वे स्वयं दर्शनशास्त्र की मुक्ति के लिए निष्क्रिय साक्षात्कार की जगह सक्रिय हस्तक्षेप की भूमिका निभाएंगे। दूसरे, उन्होंने स्वयं संगठित मजदूर वर्ग की क्रांति की सफलता के लिए दर्शनशास्त्रियों के हस्तक्षेप की विधि की विशिष्टता का संकेत दिया है और इस हस्तक्षेप में प्रत्यक्ष रूप से कोई दार्शनिक तत्व अवश्य पाया जाता है।

आइए, हम संक्षेप में इन दोनों कारणों की परख करें।

इनमें प्रथम कारण को हम अच्छी तरह तभी समझ सकते हैं जब हम मार्क्स की एक अत्यंत महत्वपूर्ण खोज पर ध्यान दें जिसके साथ स्वयं मार्क्सवाद के पूर्ण विकास की दिशा में उन्होंने पहला निर्णायक कदम उठाया। इसे इतिहास की भौतिकवादी धारणा या संक्षेप में ऐतिहासिक भौतिकवाद कहा जाता है। इसका प्रथम स्पष्ट निरूपण *दि जर्मन आइडियोलाजी* में हुआ है।

"जो मान्यताएं हमारा प्रस्थान-बिंदु हैं वे मनमानी मान्यताएं या हठवाद न होकर

यथार्थ मान्यताएं हैं जिनका अमूर्तीकरण केवल कल्पना में ही किया जा सकता है। ये (मान्यताएं) यथार्थ व्यक्ति, उनकी गतिविधियां और उनके जीवन की भौतिक दशाएं हैं···

"समस्त मानव-इतिहास की पहली मान्यता निश्चित ही यथार्थ मानवों का अस्तित्व है। इसलिए जिस पहले तथ्य को स्थापित करना आवश्यक है वह है इन मानवों का शारीरिक संगठन और शेष प्रकृति के साथ उनका तज्जनित संबंध···

"मनुष्य को पशु-जगत से चेतना, धर्म या जो कुछ भी आप चाहें उसी के आधार पर भिन्न ठहराया जा सकता है। (लेकिन) वे स्वयं को पशु-जगत से तब अलग करने लगते हैं जब वे अपने जीवन-यापन के साधनों का उत्पादन करना आरंभ करते हैं और यह कदम उनके शारीरिक संगठन से निर्धारित होता है। अपने जीवन-यापन के साधनों का उत्पादन करके मनुष्य अप्रत्यक्षतः अपने वास्तविक भौतिक जीवन का उत्पादन करते हैं···

"यह उत्पादन-विधि···इन व्यक्तियों के कार्यकलाप का, अपने जीवन की अभिव्यक्ति का एक निश्चित स्वरूप है, उनके जीवन की एक निश्चित विधि है। व्यक्ति अपने जीवन की जैसी अभिव्यक्ति करते हैं वे वही होते हैं। इस कारण जो कुछ भी वे होते हैं वह उनके उत्पादन के संगत होता है अर्थात् वे जो कुछ उत्पादन करते हैं और जिस प्रकार उत्पादन करते हैं उन दोनों के संगत होता है। इसलिए व्यक्तियों की प्रकृति उनके उत्पादन का निर्धारण करनेवाली भौतिक दशाओं पर निर्भर होती है···

"इसलिए तथ्य यह है कि एक विशेष ढंग से उत्पादन में सक्रिय विशेष व्यक्ति इन विशेष सामाजिक और राजनीतिक संबंधों में प्रवेश करते हैं। अनुभवाश्रित प्रेक्षण से सामाजिक और राजनीतिक संरचना का संबंध, प्रत्येक अलग-अलग उदाहरण में, अनुभवगम्य ढंग से, बिना किसी रहस्यमयता या काल्पनिकता के, स्थापित होना चाहिए। सामाजिक संरचना और राजसत्ता विशेष व्यक्तियों की जीवन-प्रक्रिया से निरंतर विकसित होती रहती हैं। मगर ये व्यक्ति वैसे नहीं होते जैसेकि अपनी या अन्य लोगों की कल्पना में दिखाई देते हैं, बल्कि वैसे होते हैं जैसेकि वे यथार्थ में होते हैं अर्थात् जिस तरह वे कार्य करते हैं, भौतिक उत्पादन करते हैं। इस कारण वे ऐसी निश्चित भौतिक सीमाओं में, ऐसी मान्यताओं के साथ और ऐसी दशाओं में कार्यरत होते हैं जो उनकी इच्छा से स्वतंत्र होती हैं।

"विचारों, धारणाओं और चेतना का उत्पादन आरंभ में भौतिक कार्यकलाप से, मनुष्यों के भौतिक संसर्ग से प्रत्यक्ष रूप से जुड़ा होता है; यह उनके वास्तविक जीवन की भाषा होता है। इस चरण में धारणा, चिंतन, मनुष्यों का मानसिक संसर्ग उनके भौतिक व्यवहार के प्रत्यक्ष परिणामों के रूप में नजर आते हैं। यही बात मानसिक उत्पादन के बारे में सत्य है जो किसी जनगण की राजनीति, कानूनों, नैतिकता, धर्म, तत्वमीमांसा आदि की भाषा में व्यक्त होती है। मनुष्य—अपनी उत्पादक शक्तियों के और उनके संगत संसर्ग के अधिकतम विकास द्वारा निर्धारित यथार्थ और सक्रिय मनुष्य

ही अपनी धारणाओं, विचारों आदि के उत्पादक होते हैं। चेतना कभी भी चेतन अस्तित्व से भिन्न कोई वस्तु नहीं हो सकती और मनुष्यों की वास्तविक जीवन-प्रक्रिया ही उनका अस्तित्व होती है। अगर समस्त विचारधारा में मनुष्य और उनकी परिस्थितियां कैमरे की तरह उलटी दिखाई देती हैं तो इस संवृत्ति का कारण उनकी ऐतिहासिक जीवन-प्रक्रिया है, ठीक उसी प्रकार जैसे आंखों के पर्दों पर वस्तुओं के उलटे होने का कारण उनकी शारीरिक जीवन-प्रक्रिया है।

"स्वर्ग से धरती पर उतरनेवाले जर्मन दर्शनशास्त्र के ठीक विपरीत हम यहां धरती से स्वर्ग की ओर बढ़ते हैं। तात्पर्य यह कि हाड़-मांस के जीवंत मनुष्य की धारणा तक पहुंचने के लिए हमारे प्रस्थान-बिंदु वे बातें नहीं हैं जो मनुष्य कहते, सोचते या कल्पना करते हैं और न ही वे बातें हैं जो मनुष्यों के बारे में कही, सोची या कल्पित की जाती हैं। हमारे प्रस्थान-बिंदु यथार्थ और सक्रिय मनुष्य हैं और उनकी वास्तविक जीवन-प्रक्रिया के आधार पर हम इस जीवन-प्रक्रिया के वैचारिक प्रतिबिंबों और प्रतिध्वनियों के विकास को दर्शाते हैं। मानव-मस्तिष्क में बननेवाली छायाएं भी अनिवार्यतः उनकी उस भौतिक जीवन-प्रक्रिया के उद्दीपन होती हैं जिसका अनुभवाश्रित सत्यापन किया जा सकता है और जो भौतिक मान्यताओं से बद्ध होती है। नैतिकता, धर्म, तत्वमीमांसा, विचारधारा के शेष सभी रूप और उनके संगत चेतना के रूप इस प्रकार स्वतंत्र इकाइयां नहीं हैं। उनका अपना कोई इतिहास, कोई विकासक्रम नहीं होता, बल्कि अपने भौतिक उत्पादन और भौतिक संसर्ग को विकसित करने की प्रक्रिया में मनुष्य अपने यथार्थ अस्तित्व के साथ-साथ अपने चिंतन तथा उस चिंतन के उत्पादों को भी परिवर्तित करते चलते हैं। जीवन का निर्धारण चेतना से नहीं बल्कि चेतना का निर्धारण जीवन से होता है। प्रथम दृष्टिकोण में प्रस्थान का बिंदु जीवंत मनुष्य-रूपी चेतना है; दूसरे दृष्टिकोण में जो यथार्थ जीवन के अनुरूप है, स्वयं जीवंत व्यक्ति ही प्रस्थान-बिंदु हैं और चेतना को केवल उनकी चेतना ही माना जाता है।"[74]

इस प्रकार मार्क्सवादी विश्लेषण में दार्शनिक विचारों बल्कि वास्तव में समस्त वैचारिक उत्पादनों का निर्धारण अंततः भौतिक कारकों से अर्थात् उत्पादन की तकनीक या विधि से और तज्जनित उत्पादन-संबंधों से होता है। निष्कर्ष यह है कि इन भौतिक दशाओं के क्रांतिकारी रूपांतरण के बिना दार्शनिक चिंतन का भी क्रांतिकारी रूपांतरण नहीं हो सकता। *दि जर्मन आइडियोलाजी* में मार्क्स और एंगेल्स ने पहले ही इस बात पर जोर दिया था। वे कहते हैं :

"इसे (अर्थात् इतिहास की भौतिकवादी धारणा को) इतिहास की विचारवादी धारणा की तरह प्रत्येक काल में किसी प्रवर्ग की तलाश नहीं करनी पड़ती, बल्कि यह लगातार इतिहास की ठोस जमीन पर खड़ा रहता है। यह व्यवहार की व्याख्या विचार से नहीं बल्कि विचारों के निर्माण की व्याख्या भौतिक व्यवहार से करती है। फलस्वरूप यह धारणा इस निष्कर्ष पर पहुंचती है कि चेतना के सभी रूप और उत्पाद मानसिक समीक्षा

द्वारा नष्ट नहीं किए जा सकते··· बल्कि *उन्हें उन वास्तविक सामाजिक संबंधों के यथार्थ विनाश द्वारा ही नष्ट किया जा सकता है* जिन्होंने इस वैचारिक कबाड़े को जन्म दिया है, कि समीक्षा नहीं बल्कि क्रांति इतिहास की और साथ ही धर्म, दर्शन तथा सिद्धांत के शेष सभी प्रकारों की भी चालक-शक्ति है''[75] (जोर हमारा) ।

इसी से जुड़ी हुई एक और बात भी है । मार्क्स और एंगेल्स ने हमारा ध्यान बार-बार इस तथ्य की ओर दिलाया है कि समाज की वर्गीय संरचना में ही ऐसी कोई बात है जो दर्शनशास्त्रियों को कुछ मूलभूत भ्रांतियों का शिकार बनाती है और इस प्रकार कि स्वयं दर्शनशास्त्रीगण इस बात को नहीं जानते । इसलिए मार्क्सवाद के अनुसार, दर्शन की यथार्थ मुक्ति के लिए वर्गीय समाज का वर्गहीन समाज में रूपांतरण आवश्यक है । *कम्युनिस्ट मैनीफेस्टो* में इस बात को बड़े सुबोध ढंग से रखा गया है :

''क्या यह समझने के लिए गहन अंतर्ज्ञान की आवश्यकता है कि मनुष्य के विचार, दृष्टिकोण, उसकी अवधारणाएं या संक्षेप में मनुष्य की चेतना उसके भौतिक अस्तित्व की दशाओं, उसके सामाजिक संबंधों और उसके सामाजिक जीवन में होनेवाले प्रत्येक परिवर्तन के साथ बदल जाती है ?···

''अतीत के सभी समाजों का इतिहास वर्गीय शत्रुताओं के विकास में निहित रहा है और ये शत्रुताएं विभिन्न कालों में विभिन्न रूप ग्रहण करती रही हैं ।

''लेकिन उनके रूप कुछ भी रहे हों, सभी विगत कालों में एक समान तथ्य भी है और वह है समाज के एक भाग द्वारा दूसरे भाग का शोषण । इसलिए इसमें हैरानी की कोई बात नहीं कि विगत कालों की सामाजिक चेतना अपनी तमाम विविधताओं और विभिन्नताओं के बावजूद कुछ समान रूपों या सामान्य विचारों के दायरे में ही घूमती रही है और वर्गीय शत्रुताओं के पूर्ण विनाश के बिना ये सामान्य विचार भी पूरी तरह नष्ट नहीं हो सकते ।

''साम्यवादी क्रांति संपत्ति के पारंपरिक संबंधों से सबसे अधिक मूलगामी संबंध-विच्छेद है और इसलिए आश्चर्य नहीं कि इसके विकास के लिए पारंपरिक विचारों से सर्वाधिक मूलगामी संबंध-विच्छेद आवश्यक है ।''[76]

इस प्रकार हम समझ सकते हैं कि मार्क्सवादी दृष्टिकोण में सामाजिक क्रांति को दर्शनशास्त्र के कार्यभारों में भी अत्यधिक महत्व दिया गया है । वर्गहीन समाज की स्थापना किए बिना दर्शनशास्त्र उन युगों-पुराने भ्रमों से प्रभावी मुक्ति नहीं पा सकता जो स्वयं समाज की वर्गीय संरचना की देन हैं । इसलिए दर्शनशास्त्री के लिए आवश्यक है कि दर्शनशास्त्र की मुक्ति के लिए विश्व को बदले । विश्व के रूपांतरण पर मार्क्स के बल देने का कारण यही है ।

लेकिन इन तमाम बातों को गलत ढंग से नहीं समझना चाहिए और इसके लिए आवश्यक है कि सामाजिक क्रांति और दर्शनशास्त्र की मुक्ति के पारस्परिक संबंध की समस्या को द्वंद्ववादी दृष्टि से देखा जाए ।

द्वंद्ववादी दृष्टि से चेतना (जिसमें स्पष्टतः दार्शनिक चेतना भी शामिल है) अंततः भौतिक दशाओं से उत्पन्न तो होती है मगर वह पलटकर इन भौतिक दशाओं से प्रतिक्रिया भी करती है। दूसरे शब्दों में, चेतना की एक सक्रिय भूमिका होती है। इस बात पर मार्क्सवाद के संस्थापक अपने अग्रगामी भौतिकवादियों से भिन्न हैं जो कुल मिलाकर इस यांत्रिक दृष्टिकोण से ग्रस्त थे कि मात्र वातावरण ही चेतना को निर्धारित करता है। फायरबाख-संबंधी तीसरे सूत्र में मार्क्स ने इस बात को बहुत सटीक ढंग से रखा है :

"यह भौतिकवादी दृष्टिकोण कि मनुष्य अपनी परिस्थितियों और लालन-पालन की उपज होते हैं और यह कि बदले हुए मनुष्य बदली हुई परिस्थितियों और बदले हुए लालन-पालन की उपज होंगे, यह बात भूल जाता है कि मनुष्य ही परिस्थितियों को बदलते हैं और यह कि स्वयं शिक्षक को भी शिक्षा की आवश्यकता होती है..."

इस प्रकार मार्क्सवादी दृष्टिकोण में दर्शनशास्त्रियों या सिद्धांतकारों को अपने दार्शनिक चिंतन की मुक्ति के लिए व्यापक सामाजिक रूपांतरण की हाथ पर हाथ धरे प्रतीक्षा नहीं करनी है। इस बीच में करने के लिए उनके पास एक बहुत महत्वपूर्ण कार्य भी है और यद्यपि वे इस कार्य को दर्शनशास्त्रियों या सिद्धांतकारों की हैसियत से करेंगे मगर क्रांति के लिए इसकी भी प्रासंगिकता है। निःसंदेह सबसे महत्वपूर्ण काम तो विश्व का रूपांतरण ही है, मगर यह बात भी ध्यान में रखने की है कि विश्व की गलत या अपर्याप्त समझ के साथ उसके रूपांतरण का रास्ता कोई सही रास्ता नहीं है।

इसी के साथ हम व्यवहार और सिद्धांत के संबंधों के प्रश्न पर आ जाते हैं जो ज्ञान और शक्ति, आवश्यकता और स्वतंत्रता के संबंध के व्यापकतर प्रश्न के संदर्भ में ही अच्छी तरह समझा जा सकता है। मार्क्स और एंगेल्स से पहले के दर्शनशास्त्री सचमुच इस प्रश्न की समझ की ओर बढ़ रहे थे और कुछ ने तो यह अत्यंत महत्वपूर्ण प्रस्थापना तक विकसित कर ली थी कि आवश्यकता की समझ ही स्वतंत्रता है। लेकिन उन्होंने कुल मिलाकर इस समझ को प्राकृतिक विज्ञानों तक ही सीमित रखा और स्पिनोजा तथा हेगेल जैसे दर्शनशास्त्रियों ने तो इसे अपने अन्य तत्वमीमांसी विचारों से गड्डमड्ड कर दिया जो उनकी प्रणालियों के विशिष्ट विचार थे। मार्क्सवाद की एक प्रमुख उपलब्धि यह है कि उसने इस मूलभूत समझ को अनावश्यक तत्वमीमांसी विचारों की जकड़ से मुक्त किया और इसे समाज-विज्ञानों पर भी लागू किया।

इस प्रकार हस्तक्षेप के इस दर्शनशास्त्र में ज्ञान की एक केंद्रीय भूमिका है। ज्ञान के बिना हस्तक्षेप अंधा और आत्मघाती होता है और उसी प्रकार कर्म से कटा हुआ ज्ञान अधिक से अधिक जोशीली मगर खोखली लफ्फाजी को जन्म दे सकता है। अगर दर्शनशास्त्र शुद्ध बुद्धि के कारण छद्म-युद्धों का रणक्षेत्र बन जाता है तो इस व्यर्थता का दूसरा पक्ष शुद्ध व्यावहारिकतावाद का परिणाम होता है।

दूसरे शब्दों में, जैसाकि हमने कहा है, विश्व के रूपांतरण के गलत और सही, दोनों प्रकार के रास्ते हो सकते हैं। विश्व को समझे बिना उसे बदलने का प्रयत्न करना

इसका गलत ढंग है। इसका सही ढंग है कि विश्व के ज्ञान और बोध का उपयोग करके इसके रूपांतरण का प्रयास किया जाए।

इस तरह देखने पर वैज्ञानिक साम्यवाद के कार्यक्रम में सैद्धांतिक कार्यकलाप की बेपनाह अहमियत को आसानी से समझा जा सकता है। हम यह भी समझ सकते हैं कि वैज्ञानिक साम्यवाद के मूल सिद्धांतों के निरूपण के लिए मार्क्स और एंगेल्स ने अगर शब्दशः कई टन पुस्तकों और दस्तावेजों का उपयोग किया तो क्यों।

## उपसंहार

इसके साथ हम उसी बात पर वापस आ जाते हैं जहां से हमने वर्तमान पुस्तक का आरंभ किया था। आधुनिक विज्ञान के पितामह बेकन और देकार्त का स्वप्न यह था कि मनुष्य प्रकृति का स्वामी बने। उन्होंने अपने ही ढंग से इस प्रक्रिया में मजदूर वर्ग और खासकर दस्तकारों की भूमिका भी महसूस की। लेकिन उनके अपने काल में यह वर्ग बिखरा हुआ, अल्पविकसित और राजनीतिक अंतर्दृष्टि से हीन था। यह स्वप्न साकार हो सके, इसके लिए आवश्यक था कि मजदूर वर्ग संगठित हो और राजनीतिक चेतना प्राप्त करे जो विश्व के कारगर रूपांतरण के लिए आवश्यक है। यह सब हुआ पूंजीपति वर्ग द्वारा होनेवाले औद्योगीकरण की प्रगति के द्वारा। निश्चित ही पूंजीपति वर्ग ने यह काम अपने हित में किया, मगर यही इतिहास का द्वंद्ववाद है कि इस प्रक्रिया में उसने अपनी कब्र भी खोद ली। मार्क्स और एंगेल्स के समय में यह सब वास्तव में घटित हो रहा था और इस प्रकार बेकन और देकार्त के स्वप्न को क्रमशः एक अधिकाधिक स्पष्ट रूप प्राप्त हो रहा था। इस बात पर *कम्युनिस्ट मैनीफेस्टो* में जोर दिया गया है और इसी के एक उद्धरण के साथ हम वर्तमान विवेचना का समापन करेंगे :

"वे अस्त्र जिनके द्वारा पूंजीपति वर्ग ने सामंतवाद को ध्वस्त किया, आज स्वयं पूंजीपति वर्ग के खिलाफ तने हुए हैं। लेकिन पूंजीपति वर्ग ने केवल स्वयं अपना संहार करनेवाले अस्त्र ही नहीं गढ़े हैं, बल्कि इसने उन मनुष्यों को भी उत्पन्न किया है जो इन अस्त्रों को धारण करेंगे। ये मनुष्य आधुनिक मजदूर वर्ग अर्थात् सर्वहाराजन हैं।"[77]

74. मार्क्स और एंगेल्स, *दि जर्मन आइडियोलाजी,* पृ. 31-38.
75. उपरोक्त, पृ. 50.
76. मार्क्स और एंगेल्स, *कम्युनिस्ट मैनीफेस्टो* (पेंग्विन, 1988), पृ. 102-3.
77. उपरोक्त, पृ. 87.

# संदर्भ-सूची


1. जे. डी. बर्नाल, *साइंस इन हिस्ट्री,* वाट्स एंड कं., लंदन, 1954, पृ. 228.
2. फ्रांसिस बेकन, *नोवम ऑर्गेनम, वर्क्स ऑफ फ्रांसिस बेकन* (खंड 4, मॉडर्न लायब्रेरी, न्यूयार्क, 1968) में संकलित, पृ. 48-49.
3. बेंजामिन फैरिंगटन की रचना *फ्रांसिस बेकन : फिलॉसफर ऑफ इंडस्ट्रियल साइंस* (लारेंस एंड बिशर्ट, लंदन, 1951) से उद्धृत; देखिए पृ. 58-59.
4. उपरोक्त.
5. देखिए जॉर्ज नोवाक, *इंपीरिसिज़्म एंड इट्स इवोल्यूशन — ए मार्क्सिस्ट एप्रोच,* मेरिट प्रकाशन, न्यूयार्क, 1968.
6. बेंजामिन रैंड की रचना *मॉडर्न क्लासिकल फिलॉसफर्स* (हटन, मफलिन कं., बोस्टन, 1908) से उद्धृत, पृ. 30-32.
7. बेंजामिन फैरिंगटन की *फ्रांसिस बेकन : फिलॉसफर ऑफ इंडस्ट्रियल साइंस* से उद्धृत, पृ. 59.
8. देखिए, कार्ल मार्क्स एवं फ्रेडरिक एंगेल्स, *ऑन रिलिजन* में एंगेल्स कृत *इंट्रोडक्शन टू सोशलिज्म : यूरोपियन एंड साइंटिफिक,* मास्को, 1957, पृ. 290.
9. बरट्रेंड रसल, *हिस्ट्री ऑफ वेस्टर्न फिलॉसफी,* जॉर्ज एलन एंड अनविन लिमिटेड, 1961, पृ. 593.
10. बैरोज़ डनहम, *हीरोज़ एंड हेरेटिक्स,* अल्फ्रेड ए. नॉफ, न्यूयार्क, 1967, पृ.322.
11. रेने देकार्त, *दि डिस्कोर्स ऑन मेथड,* देखिए ऐव्रीमैन्स संस्करण, लंदन, 1929, पृ. 14-16.
12. जे. डी. बर्नाल की रचना, *साइंस इन हिस्ट्री,* पेंग्विन संस्करण, 1969, खंड 2 में उद्धृत, पृ. 447.
13. देखिए कार्ल मार्क्स एवं फ्रेडरिक एंगेल्स, *दि होली फैमिली,* और *क्रिटीक ऑफ क्रिटिकल क्रिटिसिज़्म,* अध्याय 6.
14. बैरोज़ डनहम, वही, पृ. 332.

15. अल्बर्ट श्वेग्लर, *मॉडर्न फिलॉसफी,* खंड 2, के. पी. बागची एंड कं., कलकत्ता, 1982, पृ. 29.
16. बैरोज़ डनहम, पूर्वोक्त, पृ. 340-41.
17. इल्येंकोव, *डायलेक्टिकल लॉजिक,* मास्को, 1977, पृ. 55.
18. फ्रेडरिक एंगेल्स, *डायलेक्टिक्स ऑफ नेचर,* पृ. 25-26.
19. देखिए *डिक्शनरी ऑफ फिलॉसफी,* प्रगति प्रकाशन, मास्को, 1967, पृ. 427.
20. देखिए बरट्रेंड रसल, पूर्वोक्त, पृ. 600-601.
21. देखिए थियोदोर आयजरमान, *प्रॉब्लम ऑफ दि हिस्ट्री ऑफ फिलॉसफी,* प्रगति प्रकाशन, मास्को, 1937, पृ. 43-44.
22. लाइब्नीज, *दि मोनेडोलॉजी एंड अदर फिलॉसफिकल राइटिंग्स,* ऑक्सफोर्ड यूनिवर्सिटी प्रेस, 1925, पृ. 33-35.
23. लेनिन, *कलेक्टेड वर्क्स,* खंड 38, पृ. 279.
24. एस. राधाकृष्णन, *रीन ऑफ रिलिजन इन कंटेम्परेरी फिलॉसफी,* मैकमिलन, लंदन, 1920. पृ. 58.
25. उपरोक्त, पृ. 65.
26. जे. डी. बर्नाल, *साइंस इन हिस्ट्री,* लंदन, 1957, पृ. 364.
27. *डिक्शनरी ऑफ फिलॉसफी,* मास्को, 1967, पृ. 247.
28. देखिए सी. आर. मॉरिस, *लॉक बर्कले,* ह्यूम, लंदन, 1968.
29. सी. आर. मॉरिस, उपरोक्त, पृ. 32.
30. मॉरिस कॉर्नफोर्थ, *मार्क्सिज्म एंड लिंग्विस्टिक फिलॉसफी,* लारेंस एंड बिशर्ट, लंदन, 1967, पृ. 39.
31. वी. आई. लेनिन, *मैटीरियलिज्म एंड इम्पीरियो-क्रिटिसिज़्म,* मास्को, 1947, पृ.14-16.
32. उपरोक्त, पृ. 21-22.
33. देखिए डेविड ह्यूम, *ऐन इंक्वायरी कंसर्निंग ह्यूमन अंडरस्टैंडिंग,* परिच्छेद 12, भाग 3.
34. उपरोक्त, परिच्छेद 3.
35. बैरोज़ डनहम, उपरोक्त, पृ. 459-460.
36. देखिए बैरोज़ डनहम, *थिंकर्स ऐंड ट्रेज़रर्स,* मंथली रिव्यू प्रेस, न्यूयार्क, 1960, पृ. 26.
37. वी. आई. लेनिन, उपरोक्त, पृ. 99.

38. अल्बर्ट श्वेग्लर, उपरोक्त, पृ. 51.

39. लेनिन, उपरोक्त, पृ. 125-126.

40. थियोदोर आयजरमान द्वारा उपरोक्त में उद्धृत.

41. उपरोक्त, पृ. 318-319.

42. कार्ल मार्क्स और फ्रेडरिक एंगेल्स, *दि होली फैमिली,* देखिए अध्याय 6.

43. अल्बर्ट श्वेग्लर, उपरोक्त पृ. 72.

44. केंपस्मिथ द्वारा प्रस्तुत कांट की *क्रिटीक ऑफ प्योर रीजन* (संक्षिप्त संस्करण), लंदन, 1934, पृ. 60.

45. अल्बर्ट श्वेगलर, उपरोक्त, पृ. 82-90.

46. सर्वपल्ली राधाकृष्णन द्वारा संपादित *हिस्ट्री ऑफ फिलॉसफी, ईस्टर्न एंड वेस्टर्न* (जॉर्ज एलन एंड अनविन, लंदन, 1953) में हुमायूँ कबीर का लेख 'इमैनुएल कांट' देखिए । यहाँ हमने उन्हीं का अनुसरण किया है.

47. देखिए 'फिलॉसफी इन यू. एस. एस. आर.', *प्रॉब्लम्स ऑफ डायलेक्टिकल मैटीरियलिज्म,* मास्को, 1977, पृ. 115.

48. देखिए सतीनाथ चक्रवर्ती, 'ऑन दि प्रॉब्लम ऑफ ए थ्योरी ऑफ नॉलेज इन मार्क्स', *सोशल साइंटिस्ट,* अंक 105, 1982.

49. थियोदोर आयजरमान, उपरोक्त, पृ. 322-23.

50. मार्क्स और एंगेल्स, *जर्मन आइडियोलोजी,* मास्को, 1964, पृ. 207.

51. वी. आई. लेनिन, उपरोक्त, पृ. 200.

52. *डिक्शनरी ऑफ फिलॉसफी,* मास्को, 1967, पृ. 162.

53. थियोदोर आयजरमान, उपरोक्त पृ. 323-24.

54. वी. आई. लेनिन, उपरोक्त, पृ. 63.

55. जी. डब्ल्यू. शेलिंग, *ट्रांसेंडेंटल आइडियलिज्म,* थियोदोर आयजरमान, उपरोक्त, पृ. 327 में उद्धृत.

56. थियोदोर आयजरमान, *दि मेकिंग ऑफ दि मार्क्सिस्ट फिलॉसफी* , मास्को, 1981, पृ. 88-89.

57. उपरोक्त, पृ. 88.

58. उपरोक्त, पृ. 88.

59. एफ. एंगेल्स, *लुडविग फायरबाख ऐंड दि एंड ऑफ क्लासिकल जर्मन फिलॉसफी,* मास्को, 1949, पृ. 15.

60. थियोदोर आयजरमान द्वारा *प्रॉब्लम्स ऑफ दि हिस्ट्री ऑफ फिलॉसफी,* मास्को,

1973, पृ. 127-28 में उद्धृत.

61. उपरोक्त, पृ. 128.

62. *डिक्शनरी ऑफ फिलॉसफी,* मास्को, 1967, पृ. 185.

63. एफ. एंगेल्स, *लुडविग फायरबाख ऐंड दि एंड आफ क्लासिकल जर्मन फिलॉसफी,* पृ. 14.

64. उपरोक्त, पृ. 22.

65. उपरोक्त, पृ. 43-44.

66. देखिए पी. कोप्निन, 'मेथड ऑफ साइंटिफिक थिंकिंग', *सोशल साइंसेज,* मास्को, खंड 3, 1971.

67. कार्ल मार्क्स, *इकोनॉमिक एंड फिलॉसफिकल मैनुस्क्रिप्ट्स ऑफ 1844*, विदेशी भाषा प्रकाशनगृह, मास्को, 1961, पृ. 152.

68. विलियम वैलेस (अनु.), *दि लॉजिक ऑफ हेगेल,* ऑक्सफोर्ड यूनिवर्सिटी प्रेस, 1892, पृ. 148

69. बैरोज़ डनहम, *थिंकर्स एंड ट्रेजरर्स,* मंथली रिव्यू प्रेस, न्यूयॉर्क, 1960, पृ. 31.

70. देखिए डी. चट्टोपाध्याय की 'हेराक्लाइट्स एंड हेगेल', *मार्क्सिस्ट मिस्सेलेनी,* पीपुल्स पब्लिशिंग हाउस, नई दिल्ली, 1973, पृ. 44-45.

71. कार्ल मार्क्स और फ्रेडरिक एंगेल्स, *दि जर्मन आइडियोलोजी,* मास्को, प्रगति प्रकाशन, 1964, पृ. 58.

72. उपरोक्त, पृ. 652.

73. वी. आई. लेनिन, *कार्ल मार्क्स एंड हिज़ टीचिंग्स,* प्रगति प्रकाशन, मास्को, 1973, पृ. 20.

# संक्षिप्त शब्दावली

| | |
|---|---|
| अधिभूतवाद | metaphysics |
| अनुभववाद | empiricism |
| अनुभवाश्रित | empirical |
| अपचयन | reduction |
| अभिलक्षण | attribute |
| अमध्यस्थ | immediate |
| अहं | ego |
| अहंमात्रवाद | solipsism |
| अज्ञेयवाद | agnosticism |
| आगमन (मूलक) | induction (inductive) |
| आत्मद्रव्य | spirit |
| आधिभौतिक | metaphysical |
| आभास | appearance |
| इंद्रियातीत | transcendental |
| एकसत्तावाद | monism |
| अंतर्तत्व | content |
| अंतर्भूत | innate |
| अंतर्ज्ञान (अंतःप्रज्ञा) | intuition |
| अंतःप्रत्यक्ष | apperception |
| कर्त्ता | subject |
| काल | time |
| कोषाणु | cell |
| चिद्‌णु | monad |
| जीवद्रव्य | protoplasm |

| | |
|---|---|
| जीवाणु | germ |
| जीवाश्मविज्ञान | palaentology |
| तत्वमीमांसा | metaphysics |
| द्रव्य | substance |
| द्रव्यत्व | substantiality |
| देश | space |
| द्वैत (द्वैत्व) | duality |
| द्वैतवाद | dualism |
| द्वंद्ववाद | dialectics |
| धर्माधिकरण | Inquisition |
| न्यायिकी | syllogism |
| निगमन (मूलक) | deduction (deductive) |
| निर्धारणवाद | determinism |
| निश्चय-मात्रा | modality |
| निषेध (का निषेध) | negation (of negation) |
| पद्धतिशास्त्र | methodology |
| परमार्थ सत् | noumenon |
| पराऐंद्रिक | supersensuous |
| परिकल्पनात्मक दर्शन | speculative philosophy |
| पश्चानुभविक | a posteriori |
| पांडित्यवाद | scholasticism |
| पुनर्जागरण | renaissance |
| प्रत्यक्ष | perception |
| प्रत्यक्षवाद (नव-) | positivism (neo-) |
| प्रतिबिंबन | reflection |
| प्रभाव | impression |
| प्रज्ञान | wisdom |
| *प्रागानुभविक* | a priori |
| बुद्धि | reason |
| बुद्धिवाद | rationalism |
| बुद्धिसंगत | rational |
| बोध | understanding |

| | |
|---|---|
| भौतिकवाद | materialism |
| भ्रूण-विज्ञान | embryology |
| व्यामोह, जातिगत | idol of the tribe |
| व्यामोह, प्राकृतिक | idol of the cave |
| व्यामोह, लोकगत | idol of the market |
| व्यामोह, वैचारिक | idol of the theatre |
| विस्तार, विस्तारित | extension, extended |
| वस्तु-निजरूप | thing-in-itself |
| वस्तु-निजहेतु | thing-for-itself |
| विचारवाद | idealism |
| विप्रतिषेध | antinomy |
| विलगाव | alienation |
| विषय | object |
| विषयी | subject |
| विषयैषणा | appertition |
| श्वेतक | albumen |
| स्व | self |
| स्वत्व | possession |
| स्वयंसिद्धि | axiom |
| सत्ता | being |
| सत्तामीमांसा | ontology |
| समीक्षा, संवेदनालंब | Transcendental Aesthetic |
| समीक्षा, बोधालंब | Transcendental Analytic |
| सर्वबुद्धिवाद | panlogism |
| सर्वज्ञानवाद | pangnosticism |
| साम्यानुमान | analogy |
| सारतत्व | essence |
| संवृत्ति | phenomenon |
| संवृत्तिशास्त्र | phenomenology |
| संवेदनवाद | sensationalism |
| संवेदना | sensation |
| संशयवाद | scepticism |

| | |
|---|---|
| संस्कार | impression |
| संज्ञान | cognition |
| ज्ञानमीमांसा | epistemology |